베트남,
왜 지금도 호찌민인가

이 저서는 2019년 대한민국 교육부와 한국연구재단의
지원을 받아 수행된 연구임 (NRF-2019S1A6A3A02102843)

중국관행
연구총서
0 1 8

베트남,
왜 지금도 호찌민인가

인천대 중국학술원 중국·화교문화연구소 기획
후루타 모토오古田元夫 지음
이정희 옮김

學古房

　한국의 중국연구 심화를 위해서는 중국사회에 강하게 지속되고 있는 역사와 전통의 무게에 대한 학문적·실증적 연구로부터 출발해야 한다. 역사의 무게가 현재의 삶을 무겁게 규정하고 있고, '현재'를 역사의 일부로 인식하는 한편 자신의 존재를 역사의 연속선상에서 발견하고자 하는 경향이 그 어떤 역사체보다 강한 중국이고 보면, 역사와 분리된 오늘의 중국은 상상하기 어렵다. 따라서 중국문화의 중층성에 대한 이해로부터 현대 중국을 이해하고 중국연구의 지평을 심화·확대하는 연구방향을 모색해야 할 것이다.

　이러한 문제의식에서 우리 인천대학교 중국학술원 중국·화교문화연구소는 10년간 근현대 중국 사회·경제관행에 대한 조사와 연구를 수행하면서, 인문학적 중국연구 사회과학적 중국연구의 독자성과 통합성을 조화시켜 중국연구의 새로운 지평을 열고자 했다. 그리고 이제 그동안 쌓아온 연구를 기반으로 새로운 단계에 접어들어 「중국적 질서와 표준의 재구성에 대한 비판적 연구」라는 주제로 인문한국플러스사업을 수행하고 있다.

　우리 연구소는 그동안 중국적 관행과 타 사회의 관행이 만날 때 어떤 절합과 변형이 이루어지는지, 그것이 중국적 모델의 재구성으로 이어지는지 아니면 새로운 모델이 만들어지는지를 연구하고, 역사적으로 축적한 사회, 경제, 문화적 자원을 활용하여 만들어가고 있는 중국식 발전 모델의 실체와 그 가능성을 해명하고자 해왔다. 우리는 연구를 수행하며 중국을 넘어서 동남아를 비롯한 다른 사회에 대한 이해와 결합시키며 비교연구적 시각을 갖고자 노력했고, 이번에 발간하는 이 책은 바로 이러한 의미를 지닌다.

일본의 저명한 베트남 현대사 연구자인 저자 후루타 모토오 베트남국가대학 하노이교 일월대학 총장의 저서 『호찌민: 민족해방과 도이 머이』는 출간 후 25년이 지난 지금 베트남에서 더욱 각광을 받고 주목받고 있는 중요한 저서이며, 역자 이정희 교수는 번역 과정에서 여러 차례 꼼꼼히 다시 보며 수정보완했다. 그리고 저자는 지금 이 시점에 한국에서의 번역출간이 지니는 의미에 대해 '한국의 독자에게 드리는 글'을 통해 그간의 간격을 메워 주었다. 이 책이 동남아 연구자와 중국 연구자 그리고 관련 분야의 연구자를 비롯한 모든 이에게 도움이 되길 기대한다.

『중국관행연구총서』는 인천대학교 중국·화교문화연구소가 인문한국사업과 인문한국플러스사업을 장기간 수행한 연구의 성과물로서, 그동안 중국 철도, 동북지역의 상업과 기업, 토지와 민간신앙, 그리고 화교 등 다양한 주제에 대해 연구서와 번역서를 발간하였다. 앞으로도 꾸준히 낼 우리의 성과가 차곡차곡 쌓여 한국의 중국연구가 한 단계 도약하는 데 일조할 수 있기를 충심으로 기원한다.

2021년 6월
인천대학교 중국학술원 중국·화교문화연구소
소장 장정아

나의 졸저 『호찌민 - 민족해방과 도이 머이』가 일본의 이와나미서점에서 출판된 것은 1996년이었다. 그로부터 25년이 지난 2021년 이 책의 한국어판이 인천대학교의 이정희 선생님과 학고방의 노력으로 출판되게 된 것을 필자로서는 무한한 기쁨으로 생각한다.

그 사이 베트남은 2007년 세계무역기구WTO 가맹으로 보여주듯이 보다 세계경제에 편입되었고 비교적 순조로운 경제발전을 지속했다. 1인당 국민소득은 1996년 419달러에서 2021년에는 3,609달러로 높아져 세계의 빈곤국에서 중진국 진입을 달성했다. 나아가 2021년에 개최된 공산당 당대회에서는 2045년까지 선진국 진입을 달성한다는 목표를 제시했다. 정치 체제는 공산당 일당 독재를 지속하고 있으면서 시장경제의 정착으로 사회 전체가 대규모의 격심한 변화의 과정에 있다.

베트남은 이처럼 지난 25년 사이에 크게 변모했지만 베트남에서 호찌민사상의 중요성은 날로 커지고 있다. 그 원인은 베트남의 글로벌화가 보다 심화하는 이면에서 민족 정체성을 유지발전 시키는 것도 절실한 과제로 인식되고 있기 때문이다.

나는 호찌민사상의 핵심이 민족적 염원을 중시하면서도 자신을 세계에 개방하는 것을 강조한 점에 있다고 생각한다. 이런 의미에서 호찌민사상의 의의는 베트남의 글로벌화로 희박해지지 않고 베트남에서 새로운 중요성을 획득하고 있는 것 같다.

필자는 현재 베트남국가대학 하노이교Vietnam National University, Hanoi 일월대학日越大學 총장으로서 하 노이에서 생활하고 있다. 2021년의 호찌민 탄생기념일에 국가대학의 교수회 클럽의 요청으로 호찌민사상에 대해 강의를 했다. 나는 이 책에서 전개한 호찌민사상 관련 해석을 소개했다. 내가 이해하고 있는 호찌민사상의 의의는 지금의 베트남에서 점점 더 중요해지고 있다는 취지의 이야기를 했다. 어떤 의미에서 '신격화'된 지도자 호찌민의 사상에 대해 외국인 연구자의 의견을 경청하고, 자유로운 토론을 할 수 있는 것 자체가 지난 25년의 변화를 잘 말해준다. 이와 동시에 25년 전에 전개한 나의 호찌민론이 '시대에 뒤떨어'지지 않았다는 것을 실감한 귀중한 기회이기도 했다.

물론, 지난 25년 사이 세계의 호찌민 연구로 새롭게 밝혀진 사실도 적지 않다. 그 가운데 하나는 호찌민이 1919년의 베르사유 강화회의에 제출한 청원서에 사용한 응우옌 아이 꾸옥阮愛國의 필명은 당시 파리에 거주하고 있던 베트남인 민족주의자 그룹 공동의 필명이었다는 발견이다. 이외에도 코민테른 관계의 자료 공개로 새롭게 판명된 것도 있다. 하지만 이러한 새로운 발견으로 이 책의 기본적인 논지를 바꿔야 할 것은 지금으로서는 없는 것 같다.

한국은 현재 베트남과 깊은 관계에 있는 나라이다. 내가 하 노이에 숙박하고 있는 호텔 겸용의 아파트에도 다수의 거주자가 한국 분들이다. 한국은 베트남과 함께 냉전에 의한 분단을 경험했으며 지금도 그 극복이라는 과제에 직면해 있다. 이러한 한국에서 나의 호찌민론이 소개되는 것은 필자에게 큰 영광이자 현대사 연구자로서 매우 귀중한 기회이기도 하다. 한국 독자분들이 이 책에 대해 거리낌 없는 감상과 의견을 들려주시기를 바란다. 마지막으로 수고롭게 번역해 주신 이정희 선생님과 출판해주신 학고방에 진심으로 감사의 말씀을 드리고 싶다.

2021년 6월 12일
후루타 모토오古田 元夫

내가 베트남어를 배우기 시작한 것은 베트남전쟁이 최종 국면에 접어든 1972년이었다. 당시 나의 베트남어 선생님은 남베트남에서 일본에 온 유학생이었다. 나의 선생님은 일본에서 베트남전쟁의 반전운동 투사로 호찌민의 《유서》를 베트남어의 교재로 사용했다. 내가 호찌민의 문장을 베트남어로 처음 읽은 것은 그의 《유서》였다.

1974년 겨울 일본에서 첫 북베트남 관광 여행단이 편성되어 나도 일원으로 북베트남에 가게 되었다. 베트남어 선생님에게 이 이야기를 꺼내자, "그렇다면 공부한 호찌민의 《유서》를 암기해 가면 반드시 도움이 될 거예요."라고 가르쳐 주었다.

베트남어는 6가지의 성조를 가진 언어로 일본인이 발음하기에 매우 어려운 말이다. 공부를 시작한 지 아직 2년밖에 되지 않았던 당시 나의 베트남어 발음은 매우 서툴렀고 지금 생각해 보면 베트남인에게 통하지 않았던 것 같다. 하지만 북베트남에서 만난 사람들은 한 일본 젊은이의 서투른 베트남어를 열심히 경청해 주었다. 나는 애써 암기해 온 터라 나의 스피치 말미에 "산도 있고, 강도 있고, 사람도 있다. 미국에 승리하면 훌륭히 쌓아 올려 보자, 지금보다도 10배나 아름답게"라는 호찌민 《유서》의 한 구절을 인용했다.

이러한 시도는 나의 상상 이상으로 결정적인 효과를 발휘했다. 내가 "산도······ "라고 말하자 그곳에 있던 베트남인 모두가 함께 그 뒷 문장으로 화답하고, 그중에는 눈물을 머금는 사람조차 있었다. 그 순간 외국인 여행자와 전시 베트남인 사이에 겉으로 드러나지 않지만 분명히 존재하고 있던 '장벽'이 무너져 내리고 어떤 일체감이 생성되었다.

호찌민은 베트남전쟁의 시대에 세계 최대의 강국 미국에 과감히 저항하는 소국 베트남인들의 상징으로서 베트남인뿐 아니라 세계의 많은 사람들에게 존경을 받았다. 베트남인들이 호찌민을 이야기할 때 사용하는 '위대한'이나 '경애하는'의 말은 베트남어를 한자로 바꾸어 놓으면 그렇게 되지만, 신격화나 개인 숭배와 거리가 먼 친근감이 깃든 표현이라는 것을 알게 된 것도 첫 북베트남 여행 때였다. 많은 베트남인과 세계인들이 호찌민에 다가선 마음은 숭배보다는 공감이었을 것이다. '베트남, 호찌민'이라는 말로 입장을 초월하여 세계 다수의 사람들이 서로 공감하고 있었던 시대가 베트남전쟁의 시대였다. 이런 시대에 일본에서도 호찌민에 관한 평전이 많이 출판되었다.

그 후 나는 베트남 현대사 연구를 생업으로 하게 되었다. 하지만, 이 책의 집필을 받아들일 때까지 호찌민에 대해 본격적으로 논의하지 못한 채 지내왔다. 물론 베트남 현대사에 대해 집필할 때 호찌민을 언급하지 않을 수 없어서 각각의 역사 국면에서 호찌민의 역할에 대해 나름대로 언급한 연구는 발표해 왔지만, 호찌민 그 자체를 주제로 논의하기에는 나의 연구가 아직 성숙하지 못했다는 생각이 늘 따라다녔다.

베트남 연구자가 호찌민의 '무게'를 제대로 잘 설명하기란 쉬운 일이 아니다. 내가 호찌민을 논하는 것은 베트남 현대사의 핵심을 건드리는 것이어서 경솔하게 말하면 베트남과의 관계, 베트남인들과의 신뢰 관계가 한꺼번에 사라져 버리지 않을까 여겼기 때문이다. '베트남과의 관계, 베트남인들과의 신뢰 관계'라고 하는 것은 호찌민에 대해 비판적으로 말하면 베트남 입국 비자가 나오지 않을지 모른다는 수준의 문제는 전혀 아니다. 그보다 연구자의 기본적인 자세와 관련되는 차원의 이야기이다.

따라서 본서 집필의 이야기가 있었을 때도 마지막까지 나의 마음에는 주저함이 따라다녔다. 그런데도 본서를 집필하려고 생각한 이유는 일본에서 베트남전쟁과 그 열기가 식지 않았던 시대 이후에 호찌민론은 정리된 형태로 출판되지 못했다. 당시와 비교해 보면 베트남도 세계도 크게 변화한 오늘날의 시점에서 나아가 지난 20년간의 연구 및 논의의 진전과 변화에 근거하여 호찌민을 논의하는 것은 베트남 현대사를 연구하고 있는 지역연구자의 의무라 생각했기 때문이다.

그래서 본서는 먼저 제1장 '도이 머이 시대의 호찌민'에서 도이 머이(쇄신)라고 하는 큰 개혁에 몰두하고 있는 현재의 베트남, 베트남인들 사이에서 호찌민이 어떻게 평가받고 있는지 검토한다.

호찌민을 둘러싼 오늘날의 의미에 근거하여 제2장부터 제5장까지는 호찌민의 생애를 되돌아 보려한다. 제2장 '호찌민의 여행'에서는 탄생에서 1920년대 중반까지의 시기를 다룬다. 제3장 '호찌민의 민족주의와 국제주의'에서는 1920년대 중반에서 1930년대에 걸친 호찌민의 베트남인 공산주의운동 및 코민테른과의 관계를 논의한다. 이어서 제4장 '정치지도자 호찌민'에서는 호찌민이 베트남에 귀국하여 베트남민주공화국의 수립을 끌어내 프랑스의 복귀에 대한 항전을 지도한 1940년대를 다룬다. 제5장 '호 아저씨의 영광과 한계'에서는 베트남이 냉전구조 속에 빠져든 1950년대 초부터 베트남전쟁이 격렬하게 전개되는 가운데, 1969년 호찌민이 사망하기까지의 시기에 대해 논의한다.

그리고 마지막 제6장에서는 '직계 제자의 최후 투쟁'의 제목으로 호찌민 사후 베트남에서 호찌민을 어떻게 다루고 있는지, 그것이 도이 머이의 제창과 어떤 관계가 있는지 논의하려 한다. 이런 구성으로 '왜 지금 호찌민인가'라는 의문에 대해 다소나마 대답할 수 있으면 좋겠다고, 나는 생각하고 있다.

그렇다고 해서 본서가 충분한 호찌민론이라고 나 자신은 절대 생각하지 않는다. 본서가 독자 여러분들의 냉엄한 비판을 받고 그것을 통해 호찌민에 대한 논의가 더욱 활발해지면 좋겠다는 것이 나의 솔직한 마음이다.

자칫하면 좌절할 뻔했던 나를 격려해 이 책의 완성으로 이끌어 준 것은 이와나미서점 편집부의 바바 기미히코 씨와 사카마키 요시미 씨의 열의에 있었다. 두 분께 감사를 드린다. 아시아와 베트남에 관한 관심이 고조되고 있는 지금, 이 책이 가능한 한 많은 분들의 비판을 받게 되기를 기대한다.

1995년 12월 1일
후루타 모토오

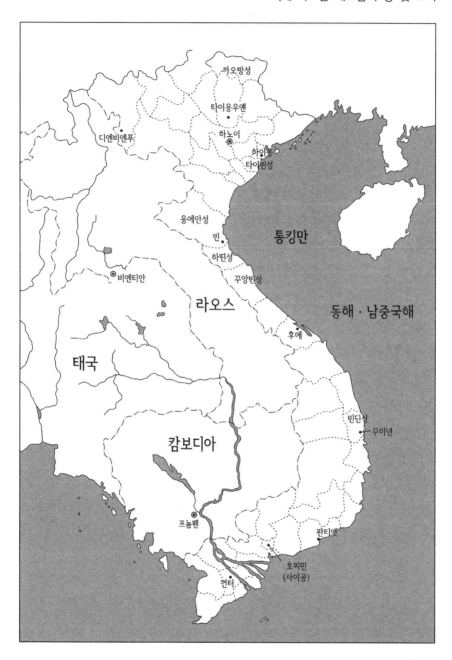

일러두기

1. 베트남어 고유명사와 지명·인명은 베트남어 원음에 가깝게 표기하는 것을 원칙
   으로 했다.
2. 베트남어의 음절은 띄어쓰기를 원칙으로 했다. 단, 호찌민은 '호 찌 민'으로 띄어
   쓰지 않고 관례대로 했다.
3. 본문 가운데 호찌민을 '호'로 짧게 한 곳이 많다. 각 문장에서 그 나름의 의미가
   있다고 판단하여, 그대로 '호'로 번역해 실었다.

제1장

도이 머이 시대의 호찌민

노년의 호찌민

1986년 12월 베트남공산당 제6차 대회에서 제창된 도이 머이(쇄신)는 베트남사회에 큰 변화를 초래했다. 장기간 정체되어 있던 베트남 경제는 1990년대 중반 연평균 8% 대의 성장률을 보여주었다. 또한 1970년대 말부터 고립상태에 있던 베트남의 국제적 지위도 크게 개선되어 1995년 7월에는 미국과 국교 정상화되었으며 아세안ASEAN의 정식가맹도 실현되었다. 이렇게 급속히 변화하는 베트남에 대해 지금 국제사회는 높은 관심을 쏟고 있다.

　　오랜 기간 전쟁으로 고통 받았던 베트남인들은 겨우 본격적으로 누릴 수 있게 된 평화로운 환경에서 관심을 생활의 개선에, 보다 사회적으로 말한다면 경제발전에 집중시키고 있는 것 같다. 거리에서 눈에 띄는 표어도 교통안전이나, 에이즈 예방과 산아 제한을 호소하는 것 일색으로 정치색을 띤 표어는 거의 없다. 공산당이 정권을 장악하고 있고 국명이 베트남사회주의공화국이라는 사실을 상기하지 않는다면 베트남을 사회주의 국가로 실감케 하는 것은 거리의 광경에서 전혀 찾아볼 수 없다.

이와 같은 도이 머이 시대의 베트남에서 다소나마 정치를 느끼게 하는 것이 공공시설뿐 아니라 많은 민가에도 장식된 호찌민의 사진과 거리에서 눈에 띄는 유일한 정치적 표어인 '독립과 자유보다 더 고귀한 것은 없다'라고 하는 호찌민의 말일 것이다. 이 표어는 다른 정치적 표어가 사라진 것만큼 호찌민을 더욱 돋보이게 할 뿐만 아니라 도이 머이 하에서 베트남공산당과 정부가 의식적으로 호찌민이라고 하는 상징을 강조하고 있기 때문이기도 하다. 제1장에서는 먼저 현재의 베트남에 있어 도이 머이와 호찌민 간의 관계를 살펴보려 한다.

1. 호찌민사상의 등장

1991년 6월에 개최된 베트남공산당 제7차 대회는 '당의 사상적 기반, 행동의 지침'으로서 종래의 마르크스 - 레닌주의에 더하여 호찌민사상을 당 규약에 명기할 것을 결정했다. 마오쩌둥사상이나 김일성사상이라는 표현에 익숙해져 있는 우리에게 언뜻 보기에 큰 변화로 보이지 않지만, 종래 베트남공산당의 입장에서 보면 이것은 상당히 중요한 전환이다.

첫째로 베트남공산당은 오랜 기간 마르크스 - 레닌주의의 인류 보편적인 타당성을 강조하는 입장을 취하고 있었고, 자국 지도자의 이름 뒤에 사상이라는 말을 붙여 마르크스 - 레닌주의의 민족화를 시도하는 것은 보편성을 왜곡할 수 있다며 비판적인 자세를 견지해 왔다. 따라서 베트남공산당은 호찌민사상이라는 개념을 내부에서도 사용하지 않아 왔고, 더구나 대외적으로 이와 같은 개념을 강조한 적이

전혀 없었다.

　두 번째로 호찌민은 마오쩌둥과 달리 그의 사상을 체계적으로 논한 저작을 별로 남기지 않았던 인물이었다. 그래서 외국의 평전 작가들 가운데에 '호찌민다움'이라는 것은 있어도 호찌민사상이라고 하는 것은 어울리지 않는다는 의견이 존재했다. 또한 베트남공산당 자신도 '호찌민 주석의 도덕'이나 '호찌민 주석의 작풍'이라는 표현은 사용했었지만, 호찌민사상의 개념으로 인물을 총괄하려는 시도는 하지 않았다. 두 가지 점에서 호찌민사상이라는 개념의 제시와 당 규약 명기는 베트남공산당의 입장에선 큰 전환이었다.

　그러면 왜 1991년의 시점에서 베트남공산당은 호찌민사상의 개념을 강조하게 되었을까.

　우선 쉽게 상상할 수 있는 것은 소련과 동구에서 발생한 사회주의 체제의 동요와 붕괴(베트남공산당 제7차 대회의 시점에서 아직 소련은 붕괴

도이 머이로 활기를 띠고 있는 호찌민시

하지 않았지만 베트남공산당은 소련의 운명이 이지러지고 있다는 인식을 하고 있었다고 생각된다)의 사태에 대처한 측면이다. 마르크스 - 레닌주의의 인류 보편적인 가치에 대한 회의가 확산하는 가운데 베트남공산당이 건국의 아버지로서 국민의 신망이 두터운 호찌민의 권위를 활용해, 베트남의 지배와 사회주의체제를 유지하려 했다고 해석할 수 있을 것이다.

호찌민은 어떤 의미에서 흠이 없는 지도자였다. 그가 1930년에 창립한 공산당이 현재의 베트남공산당이며, 1945년 9월 2일 베트남민주공화국의 독립선언 이래 1969년 9월에 사망할 때까지 그는 줄곧 국가 주석이었다. 호는 공산당과 국가 최고지도자의 지위를 유지한 채로 서거한 인물이며 그 명망은 생전에도 사후에도 높았다. 이러한 지도자이었기에 소련과 동구에서 사회주의체제가 붕괴하는 위기 속에서 내세울 만한 가치가 그에게 있었다는 것은 부정할 수 없을 것이다. 왜 소련과 동구에서 사회주의체제가 붕괴한 데도 베트남이 사회주의의 길을 고수하는 이유가 무엇인가라는 물음에 대해, '호 아저씨가 선택한 길이었기 때문이다'라는 대답에 이러한 측면이 여실히 표현되어 있다.

그러나 일관되게 높은 평가를 받아온 인물이 평가에 있어 변함없고 위기 시에 평가가 새삼스럽게 강조되는 것뿐이라고 한다면, 여기서 군이 그를 논의할 필요는 없을 것이다. 하지만 베트남공산당 내부에서 호찌민은 존경받아 왔는지 모르지만, 그에 대한 평가는 시기에 따라 상당한 변화가 존재했다. 이번에 특별히 호찌민사상을 강조하게 된 배경에는 베트남공산당이 호찌민을 평가하는 역사를 총괄하면서 일정한 방향성을 명시하고 현대의 시대 가운데서 공산당과 베트남의 변신 무기로써 호찌민사상의 개념을 활용하려고 고려했을 것이다. 즉, 호찌민사상의 개념에는 베트남이 21세기를 목전에 둔 현대를 어떻게 살아가려 하는지가 드러난 측면이 있다.

2. 마르크스 - 레닌주의의 창조적 적용

호찌민사상이란 과연 무엇일까. 현재 베트남에서 내려진 호찌민사상의 정의는 40개 이상에 달한다. 이 자체가 호찌민사상의 개념이 베트남인에게도 생소하며 다양한 해석의 여지를 가진 개념이라는 점, 그리고 그 사상에 현대적인 의의를 담아내려는 시도가 다양하게 이뤄지고 있다는 점을 드러내고 있다고 할 수 있다.

호찌민사상의 개념을 사용하고 그의 사상에 적극적인 정의를 부여하는 첫 시도는 호의 직계 제자의 한 사람인 보 응우옌 잡Vo Nguyen Giap에 의해 이루어졌다. 그는 1990년 1월 인도의 콜카타에서 개최된 '호찌민, 베트남 세계평화'를 제목으로 한 국제심포지엄에서, "호찌민사상은 베트남의 민족해방과 새로운 사회건설사업의 실천에 마르크스 - 레닌주의를 창조적으로 적용하여 새로운 발전을 의도한 것이며, 아시아 각국 및 보다 넓은 범위에서 발전의 길에 공헌할 가능성을 내포한 것이다."라고 말했다.

1991년 6월 베트남공산당 제7차 대회에서 응우옌 반 린Nguyen Van Linh(1913-) 당서기장은 중앙위원회의 정치 보고에서 다음과 같이 말했다.

"호찌민사상은 마르크스 - 레닌주의를 우리나라의 구체적인 조건에 창조적으로 적용한 성과이며 실제로 호찌민사상은 이미 당과 전 민족의 귀중한 정신적 재산이 되었다. 베트남공산당은 마르크스 - 레닌주의와 베트남 인민의 노동운동 및 애국운동을 결합한 산물이다. 호찌민 주석은 이러한 결합의 가장 완전한 구현자이며 계급과 민족, 민족과 세계, 민족독립과 사회주의를 결합한 빛나는 상징이다."

　이처럼 호찌민사상을 무엇보다 베트남에서 마르크스 - 레닌주의의 창조적 적용으로 특징짓는 것은 현재 베트남에서 제창되고 있는 각종의 정의에서 공통되는 점이다. 그렇다면 마르크스 - 레닌주의자로서의 호찌민의 창조성은 과연 어디에서 가장 전형적으로 표출되어 있을까. 이 점에 대한 현재 베트남에서의 논의는 민족문제를 둘러싼 것이라는데 대체로 의견의 일치를 보고 있다. 이것은 호찌민이 20세기를 대표하는 민족해방운동의 지도자였다는 것을 고려한다면 당연해 보이는 논점이다. 그러나 바로 이런 특징 때문에 호찌민의 지위는 실제의 운동 가운데서 부침을 거듭했으며 베트남공산당 내부에서 그에 대한 평가에도 변화가 존재했다.
　호찌민이 정치활동을 본격적으로 시작하면서 사용했던 가명은 여러 가지가 있지만, 그 가운데서 그 자신이 가장 자주 사용했고 또한 국제적으로도 잘 알려진 이름은 응우옌 아이 꾸옥(저자 주: Nguyen Ai Quoc, 한자로 고치면 阮愛國)이다. 이 이름에 전형적으로 표현된 것처럼 호찌민은 민족주의에서 레닌주의에 접근한 대표적인 인물이었다. 그리고 호는 프랑스공산당 당원이 되어 국제공산주의운동에서 활약하게 되면서 부터도 거의 일관되게 운동에서 민족적 계기를 중시하는 태도를 보였고, 민족의 독립과 해방을 위해 계급의 차이를 초월한 폭넓은 민족통일전선의 구축에 힘써 왔다. 이러한 호의 입장은 베트남에서 민족해방이 최대의 과제인 시대가 장기간 지속된 당시에는 매우 적합한 것이었지만, 국제공산주의운동이 계급투쟁을 중시한 시기 – 예를 들면, 1928년의 코민테른 제6차 대회부터 1935년의 제7차 대회 시기 – 에서는 이단으로 취급받은 적이 종종 있었다. 국제공산주의운동의 정통적 논의와 호의 입장 사이의 괴리는 베트남공산당 내부에서 호의 위치에도 영향을 미쳤다. 게다가 이런 공식은 1950~1960년대 사회주의 건설이 자본주의와 사회주의의 두 가지 길의 투쟁으로 강조되던 시대에 베트남에도 수용되어, 계급투쟁보다 민족적 단결을 중시하는 호의 자세는 그보다 젊은 베트남의 공산주의자로부터 계급성이 희박한 좌경사상으로 취급받았다.

타이 빈 성·타이 르엉 마을의 촌 의회 회의장

이러한 역사적 경과에 관해서는 제2장 이하에서 구체적으로 논의하려 한다. 하지만 이러한 경과로 볼 때 현재의 베트남공산당은 호찌민사상의 개념으로 호찌민의 마르크스 - 레닌주의의 창조적 적용을 높이 평가한 것은 적어도 베트남공산당사의 범위에서는 일관되게 민족적 계기를 중시해 온 호의 입장을 정통적인 것으로 인정했다는 의미이다. 호찌민사상의 제창은 베트남공산당으로 하여금 코민테른 정통사관 및 국제공산주의운동의 정통성을 기준으로 자신을 평가해온 발상에서 이제 겨우 해방시켜 주었다고 해도 좋다. 이러한 변화는 도이 머이가 그때까지의 베트남 사회주의 건설의 시도가 스탈린 모델을 기계적으로 적용해 온 것을 반성하고, 어디까지나 베트남의 현실에 입각한 모델을 창조하려는 시도와 표리일체의 관계에 있다.

하지만 도이 머이와 호찌민사상 사이의 관계는 이것만으로 완전히 해결될 수 없는 면이 있다. 만약 호찌민사상의 제창이 지금보다도 20년 이상 빨랐다고 한다면 마르크스 - 레닌주의의 창조적 적용이라는 평가를 둘러싸고 적어도 공산당 내부에서 견해가 일치되고 그것을 뛰어넘는 논의가 일어나지 않았을는지 모른다. 도이 머이와 호찌민사상 사이의 관계와 관련한 지금 하나의 측면은 이와 같은 정의만으로는 공산당 내부에서조차도 수습되지 않는다는 점이다.

3. 인류문명의 시점

마르크스 - 레닌주의의 창조적 적용이라는 평가만으로 수습되지 않는다는 점을 가장 분명하게 지적한 것은 베트남공산당의 원로 활

동가이자 현대 베트남을 대표하는 역사가인 쩐 반 자우Tran Van Giau
이다. 그는 마르크스 - 레닌주의만 있고 호찌민사상이 없었다고 한다
면 베트남혁명은 승리할 수 없었을 것이라는 문제를 제기했다. 게다
가 그는 호찌민의 역할을 마르크스 - 레닌주의의 창조적 적용에 두는
점에 동의하지만, 그것만이라고 한다면 어느 나라의 공산주의자도
하는 것이어서 호찌민사상이 달성한 의미를 충분히 표현하지 못한다
고 지적했다.

　마르크스 - 레닌주의의 창조적 적용만으로는 호찌민사상을 충분히
정의할 수 없다는 견해를 취하는 논자의 다수가 중시하는 논점의 하
나는 호찌민을 마르크스 - 레닌주의의 범주로 포괄할 수 없는 보다
폭넓은 인류문명에 열린 시좌를 가지고 있다고 보는 점이다. 이와
같은 논자가 최근 빈번히 인용하는 호찌민의 발언에는 다음과 같은
것이 있다.

　　"공자의 학설은 개인의 도덕 수양을 중요시하는 데 훌륭한
　점이 있다.
　　예수 그리스도의 종교에는 고귀한 박애심이라는 훌륭한 점이
　있다.
　　마르크스주의에는 변증법이라는 훌륭한 점이 있다.
　　쑨얏센(저자 주: 쑨원)의 주의에는 우리나라의 조건에도 맞는
　삼민주의 정책이라는 훌륭한 점이 있다.
　　……
　　이분들은 모두 인간의 행복을 도모하고 사회 전체의 행복을
　생각해 왔다.

만약 이분들이 아직 이 세상에 살아 계셔 한자리에 모인다고 한다면 반드시 친구처럼 사이좋게 지냈을 것이 틀림없다고, 나는 믿고 있다.

나도 이분들의 작은 제자가 되도록 노력하고 싶다."

그의 발언은 프랑스와 전쟁이 시작된 1947년에 한 것이지만 오랜 기간 베트남에서 출판된 《호찌민선집》과 《저작집》에 수록되지 않은 발언의 하나이다. 유교 = 봉건 도덕, 종교 = 아편이라는 관념이 세계의 마르크스주의자 사이에 보편적이던 시대에 그의 이 발언은 일국의 공산당 최고지도자의 발언으로는 분명히 매우 이례적이었다. 스탈린 이래의 마르크스 - 레닌주의는 다른 인류문명과 동떨어진 독자의 세계관으로 생존하는 것을 신조로 하여 다른 문명에 대한 우위성을 드러내어 자신의 존재를 증명하려 했다. 베트남의 《호찌민선집》과 《저작집》의 편집자들도 자신들의 최고지도자가 '무지조·무원칙'한 인상을 심어주기 쉬운 이 발언을 수록하는 데 주저했을 것이다.

일찍이 마르크스주의자와 그 이외의 사람들을 포함해서 호찌민에게 강한 관심을 보였던 외국의 연구자 가운데 호찌민에 대한 베트남에서의 묘사 방법이 국제공산주의운동의 정통적 발상에 너무 주의를 기울인 나머지 호찌민을 어디에서나 있는 평범한 공산주의자로 묘사하기에 이르렀다고 비판하는 사람이 있다. 필자가 1995년 8월 베트남의 마르크스·레닌주의·호찌민사상연구소의 소장인 당 쑤언 끼 Dang Xuan Ky(공산당중앙위원)와 면담했을 때, 그는 이와 같은 외국인 연구자의 비판이 타당한 면이 있으며, 호찌민의 짧은 발언에서 그의 독특한 사상적 제기의 가치를 재발견하고, 그곳에서 호찌민사상의 개념을 내세웠다는 데 그 의의가 있다고 강조했다. 위의 발언은 마르크스 - 레닌주의에 경도되고 나서도 다른 인류문명에 대해 열린 정신을 잃지 않았던 호의 사상을 잘 드러낸 것으로 새삼 주목받고 있다.

이런 논점은 '여행하는 사람'으로서의 호찌민의 '여행'의 평가와도 관계된다. 호는 잘 알려진 것처럼 1911년에 프랑스 선박의 선원으로서 베트남을 출국한 이래 세계 각지를 여행하고 미국, 영국, 프랑스에서는 각각 장기 체재한 경험이 있다. 호의 여행도 종래는 레닌주의에 도달하는 여행으로 묘사했지만, 오히려 세계 각지를 둘러보는 여행 그 자체의 평가에 주목해 그것이 동서 인류문명에 열린 정신을 가진 인간의 형성으로 이어졌다고 보는 논의가 최근 베트남에서 등장하고 있다.

이런 논점도 현재의 도이 머이의 과제와 밀접하게 연관되어 있다는 것은 명백하다. 대외개방을 주요한 구호로 하는 도이 머이는 세계 경제와 연결해 베트남의 경제발전을 촉진하려는 시도임과 동시에 인류문명의 대하에서 동떨어진 곳에서는 사회주의 건설이 성립되지 않는다는 반성에 따라 베트남을 인류문명(그것이 무엇을 가리키는지는 여전히 문제로 남아있지만)에 합류시키려는 시도이기도 하다. 호찌민사상은 이런 시도를 촉진하는 역할을 할 것으로 기대되고 있다.

그렇다고는 하지만 호찌민사상의 인류문명에 열린 정신을 마르크스 - 레닌주의와 관련해서 어떻게 자리매김할 것인지에 대해 베트남에서 논의가 일어나고 있다. 일부의 논자는 베트남을 마르크스 - 레닌주의의 속박에서 탈출시키기 위해 이런 호찌민사상의 측면을 강조하는 경향이 있다. 이에 대해 주류적인 입장의 사람들은 마르크스 - 레닌주의가 본래 인류문명에 열린 사상이며 그것을 다른 문명과 동떨어진 폐쇄적인 체계로 만든 것은 스탈린이며, 호찌민사상은 마르크스 - 레닌주의의 스탈린적 왜곡에서 해방을 촉진하는 사상으로 여겨지고 있다.

4. 베트남의 문화적 유산

마르크스 - 레닌주의에서 불거져 나오는 호찌민사상의 또 하나의 측면은 베트남의 문화적 전통에 깊이 뿌리내린 사상이라는 점이다. 호찌민이 일면에서는 국제주의자였음과 동시에 매우 '베트남적'인 인물이었다는 것은 이전에도 자주 지적되곤 했다. 호찌민사상의 개념이 제기되면서 새롭게 문제가 된 것은 유교, 불교, 도교 및 베트남의 민속문화라고 하는 문화적 전통을 호찌민사상 독자의 원천으로 간주할 것인지 말 것인지의 문제였다.

베트남 국내의 논의는 이전 이러한 전통이 호의 사상 형성에 영향을 준 것으로 지적했지만 호가 레닌주의를 수용함으로써 이들 '봉건주의적인 미신, 유심론'의 한계를 극복했다는 측면만 강조했다. 이에 대해 최근의 논의에서는 호찌민사상의 원천으로서 유교, 불교, 도교 및 베트남의 민속문화가 존재한 것을 인정해야 한다는 경향이 강해지고 있다.

필자는 베트남공산당이 호찌민사상의 개념을 제창한 당시 소련·동구 사회주의체제의 붕괴로 인해 느슨해진 사상적 해이를 다시 죄려는 시도로 보았다. 그와 같은 필자에게 1992년 여름에 베트남을 방문했을 때 안면 있는 하 노이의 지식인 다수가 호찌민사상의 제창을 환영하고 있는 모습은 약간 의외였다.

그 이유가 무엇인지 그들에게 곧잘 물어보았다. 다수의 지식인 공통의 호찌민사상 제창의 지지론은 이러했다. 공산당이 마르크스 - 레닌주의를 말하고 있는 한 베트남의 문화적 전통과 공산당의 이데올로기 사이에 직접적인 접점은 생길 것 같지 않지만, 호찌민사상이라고 하면 공산당이 그 원천으로서 유교, 불교, 도교 및 베트남의 민속문화의 가치를 인정할 수 있게 되고, 드러내놓고 베트남의 문화적 전통을 적극적으로 평가하는 길이 열리게 된다. 즉, 호찌민사상의 도입이 우리들에게 사상적 선택지를 넓혀주는 역할을 해줄 것이라는 주장이다. 이러한 말을 듣고 서점의 진열대를 유심히 살펴보니 과연 유교와 불교 관계의 책이 이전과 비교되지 않을 정도로 많이 진열되어 있었고, 그 가운데에는 예전에 '금서'로 취급받던 책까지 섞여 있었다.

이 문제는 도이 머이 시대 베트남의 문화적 상황과도 깊게 관련되어 있다. 도이 머이 하의 베트남은 한편으로 외래문화의 유입이 급속히 진행되고 있지만 다른 편에서는 전통문화의 '재생'이라고 할 수 있는 현상도 진전되고 있다. 예를 들면, 사찰의 불당에 참배하는 사람의 수가 급증하고 '딘'이라 불리는 마을의 전통적인 모임 장소에서의 마을제도 성대하게 부활했다.

이런 현상은 종래의 사회주의 모델에 근거한 사회질서가 붕괴하여 가는 가운데 사람들이 마음의 안식처를 전통에서 찾으려는 것과 공산당과 정부 측도 이런 전통을 끌어들여 체재를 유지해 보려는 목적의식이 서로 겹쳐서 생성된 것이다. 베트남 북부의 델타·중류 지역에서만 1990년 292건의 마을제가 정부의 무형문화재로 지정되었

민족 악기의 연주

다. 이런 행동은 마르크스-레닌주의만을 내세우는 공산당 정부의 행위로 보기에는 약간 기묘하게 보이지만 호찌민사상을 내세우는 공산당이 지도하는 정부의 행위로서는 이상하지 않다는 점이다.

이러한 시점을 끌어들이게 되면 호찌민사상의 정의는 마르크스-레닌주의의 창조적 적용이라는 틀을 넘어서게 된다. 앞에서 언급한 당 쑤언 끼는 호찌민사상의 원천으로서 ① 마르크스-레닌주의, ② 베트남의 민족적 전통, ③ 세계문화의 정화를 거론해야 한다고 주장했다. 또한 호찌민원(마르크스-레닌주의호찌민사상연구소 소속)의 원장인 쩐 타인Tran Thanh(필명은 송 타인Song Thanh)은 이러한 호찌민사상에 관한 포괄적 정의를 시도하는 사람 가운데 한 명이다. 그는 다음과 같은 정의를 내렸다.

"호찌민사상은 민족의 정화와 마르크스-레닌주의를 정점으

로 하는 현대의 역사가 낳은 인류 지식의 걸출한 계승이다. 그
것은 이론과 실천, 민족과 계급, 애국주의와 국제주의, 민족독립
과 사회주의 간의 유연한 결합과 창조적 적용이며, 현재와 장래
에 걸쳐 베트남 혁명사업의 승리를 보장하는 전략과 전술에 관
한 과학이다."

5. 급진개혁파와 호찌민

이상과 같은 논의는 호찌민사상의 성격에 대해 사회주의를 지향
하는 것을 견지한 개혁, 더 쉽게 말하면 공산당 정권 유지를 전제로
한 개혁인 베트남의 도이 머이의 바탕을 이루는 이른바 체제내적 개
혁사상으로 규정하게 될 것이다. 이에 대해 더 급진적인 정치개혁,
특히 정치적 다원주의의 도입을 요구하는 사람들 사이에서도 호찌민
이라는 상징을 활용하려는 경향이 존재한다.

급진개혁파가 가장 문제로 삼는 것은 1992년에 개정된 현행 헌법
제4조에 있는 공산당을 '국가와 사회를 지도하는 세력'으로 정한 공
산당=지도 세력 규정이다. 공산당이 정권을 장악한 독립 베트남, 구
체적으로는 1945년에 독립을 선언한 베트남민주공화국 및 그것을
계승하여 베트남전쟁에 의한 남북통일로 달성되어 성립된 베트남사
회주의공화국은 과거 4가지의 헌법을 공포했다. 1946년 헌법, 1959
년 헌법, 1980년 헌법 및 현행의 1992년 헌법이다. 이 가운데 호찌민
생존 시 작성된 1946년 헌법과 1959년 헌법에는 공산당=지도 세력
의 규정이 존재하지 않았다. 급진개혁파가 주목하는 것은 바로 이

점이다. 호찌민은 공산당이 지도 세력이라는 것을 헌법에 명기하여 법적으로 강제하려는 듯한 우행은 범하지 않았는데, 헌법 가운데에 호찌민사상이 포함된 현재의 시기에 공산당=지도 세력 규정을 그대로 두는 것은 호찌민사상에 반한다는 논의를 전개했다.

베트남에서 현재 공산당=지도 세력 규정을 드러내놓고 부정하는 것은 여전히 체제개혁의 틀을 벗어난 논의로 간주하지만, 호찌민에 의해 작성된 1946년 헌법의 모델로 회귀해야 한다는 주장은 체제 내에서도 공개적으로 이뤄지고 있다. 베트남의 네 가지 헌법 가운데 1959년 헌법은 중화인민공화국의 1954년 헌법을 모델로 하고 있고 1980년 헌법은 소련의 1977년 헌법을 모델로 한 것이었다. 이에 대해 1946년 헌법은 공산당이 정권을 장악하고 있는 나라의 헌법이라고 느끼지 못할 정도인데, 논자에 따라서는 완전한 부르주아 민주주의 헌법으로 보는 사람도 있다. 1992년 헌법은 인권 규정과 사적 소유권 보장 등의 면에서 1946년 헌법으로 복귀한 것이며, 도이 머이의 심화는 이러한 방향성을 더욱 강화하게 될 것이라는 논의는 베트남 국내의 전문가들 사이에서도 거리낌 없이 제기되고 있다.

베트남민주공화국이 독립을 선언하고 난 후 프랑스와의 전쟁 전반에 이르는 1940년대 후반은 중요한 국가의사를 결정하는데 호찌민의 지도력이 가장 돋보인 시기였다. 이 시기는 중화인민공화국이 아직 수립되어 있지 않았고 베트남의 항전 전쟁이 국제공산주의운동에서 지리적으로 고립된 상황에서 전개되고 있었던 곤란하고 특수한 시기로 여겨졌다. 따라서 공산당 색이 덜 가미된 1946년 헌법과 베트남민주공화국의 정부 각료에 다수의 비공산당원이 있었던 것도 '곤란한 국제적 환경 하에서 어쩔 수 없는 양보'로 간주하여 그 후의 국가 존재방식의 모델로 되지는 못했다.

그러나 도이 머이가 제창되면서 정도의 차이는 있지만 정치적 민주화 촉진의 필요가 널리 인식되고 또한 냉전체제도 붕괴하자 1940년대 후반의 베트남민주공화국의 존재방식은 결코 특수하고 예외적인 것이 아니라, 오히려 현대에 계승해야 할 내용이 다수 포함된 모델이 아닌지라는 역사관이 베트남 국내에서도 생성되고 있다. 당시의 지도 사상이 호찌민사상이었다고 한다면 이 사상은 도이 머이 시대 베트남의 정치적 민주화의 촉진제가 될 수 있다는 것이다.

이런 논점을 둘러싼 급진개혁파와 체제 내 개혁파 사이의 차이는 공산당=지도 세력의 규정에 공공연히 도전하느냐 마느냐의 매우 미미한 차이밖에 없다. 호찌민사상의 제창이 정치개혁에서 공산당 지배라는 현행 정치시스템의 틀 속으로 제약하는 무기가 될 것인지, 혹은 이 틀에서 벗어나 개혁을 만들어 내는 원동력이 될 것인지는 향후의 전개를 지켜봐야 할 것이다.

6. 부적으로서의 호찌민

호찌민사상이 제창되고 얼마 지나지 않았을 때, 필자가 면담한 베트남사회인문과학국가센터부속종교연구센터의 책임자인 당 응히엠 반Dang Nghiem Van은 "호찌민사상도 민중 속에서는 종교와 같은 것이지요. 베트남에서 한漢과 싸운 쯩 자매와 몽골과 싸웠던 쩐 흥 다오Tran Hung Dao 등의 민족 영웅을 제사 지내는 풍습이 있습니다. 호찌민이 신앙의 대상이 된다고 해서 이상할 게 전혀 없습니다."라고 말하면서 웃었다.

　베트남 북부에서 정치와 전혀 접점이 없어 보이는 상점에도 호찌민의 사진이 장식된 것을 자주 본다. 효과가 있는지 물어보면, 호찌민의 사진만 장식해 두면 공무원에게 트집 잡힐 일도 그대로 넘어가게 하는 이른바 부적과 같은 것이라는 대답을 들은 적이 있다.

　최근 베트남에서는 가계의 가보와 족보가 속속 재발견되고 있다. 가보와 족보가 존재하는 집은 이른바 구사회의 명가였기 때문에 봉건지주 일소의 구호가 외쳐지던 토지개혁에서 집단화의 시대(북부에서는 1950년대 중반부터 1960년대 초)에는 이런 것을 가지고 있는 것 자체가 위험해 대부분 처분되었다고 여겨져 왔다. 하지만 이런 것이 대량으로 보존되어 있다는 사실은 도이 머이 시대가 되고 나서야 알게 되었다. 그런데 가보와 족보가 어디에 감춰 있었는가 하면 집에 장식된 호찌민 사진의 뒤였다.

호찌민의 묘

베트남은 원래 구비문학의 전통이 풍부한 나라이다. 여기에 사회주의체제 하 언론 자유가 제약되면서 정치를 풍자하는 구비문학은 다른 사회주의 국가들보다도 더욱 발전했다. 이런 구비문학의 세계에서 공격 대상은 대부분 이름 있는 정치지도자이지만 여기서도 호찌민은 예외이다. 호 자신을 공격하는 작품은 매우 적고 많은 경우 호와 비교하여 다른 지도자를 격하하는 형식을 취한다. 그러한 작품 하나를 소개해 보자. 《티에우 럼》笑林이라는 이 작품은 경제 상태가 매우 좋지 않았던 도이 머이가 아직 개시되기 이전인 1980년대 초에 유포되었다.

> "호찌민 사후 10년 이상이 지나서 그의 직계 제자였던 몇몇 공산당 지도자도 천국에 올라가 호찌민과 재회했다.
> 호찌민이 제자들에게 자네들은 나의 유언을 얼마나 실현했느냐고 물었다.
> 그러자 제자들은 입 모아서 "예, 아저씨, 우리는 아저씨의 유언 가운데 최초의 세 문자는 훌륭히 실현했습니다."라고 대답했다."

여기에서 말하는 '유언'은 '독립과 자유보다 더 고귀한 것은 없다'라는 말을 가리킨다. 베트남어는 수식어가 뒤에 위치하는 특징을 가지고 있어 이 표현은 '아무것도 없다, 고귀하다, 보다, 독립과 자유'로 표현된다. 제자들이 '훌륭히 실현했습니다'라고 대답한 최초의 세 문자는 '아무것도 없다'라는 부분을 가리킨다. 결국은 '물자가 아무것도 없는' 사회만은 실현했다는 것으로 생필품의 입수도 제대로 안

되는 경제 상태를 만들어 낸 호찌민의 제자에 해당하는 지도자의 무능을 비꼰 것이다.

같은 시기에 유포된 베트남의 전통적인 6·8체의 시문에 다음과 같은 글이 있다.

> "호 아저씨는 1동 3하오의 쌀을 먹었다
> 휘청휘청 걷는 똔 아저씨 때는 5동이 되어 버렸다
> 다음의 주언, 찐, 동의 시대가 되어서는
> 쌀값이 천정부지로 올랐다"

'1동 3하오'에서 동과 하오는 베트남의 통화단위이다. 이 시문은 1980년대 들어 점차 심각해진 인플레이션으로 인한 쌀값 폭등을 비판한 글이다. 시에 등장하는 '똔 아저씨'는 호찌민의 뒤를 이어 국가주석이 된 똔 득 탕Ton Duc Thang이며, '주언·찐·동'은 호의 사후 공산당 정치국의 중추를 담당한 레 주언Le Duan, 쯔엉 찐Thuong Chinh, 팜 반 동Pham Van Dong을 가리킨다.

이처럼 호찌민을 인용하여 다른 지도자를 비판하고 체제를 비판하는 것은 구비문학의 세계에 풍부하게 존재한다. 정치 권력도 이러한 구비문학의 세계를 통제하고 사람들의 입을 틀어막을 힘은 없다. 하지만, 호가 인용되는 만큼 현상 비판을 더욱 날카롭게 할 수 있는 반면, 반체제의 뉘앙스는 약해지며 유포도가 높아지는 효과가 있다. 여기서도 호는 부적이 되어 있다.

7. 어떤 균열

이처럼 호찌민은 현재 다양한 입장의 베트남인이 자기 생각을 표현할 때 떠받드는 매우 다의적인 상징으로서 기능하고 있다. 그러나 현대세계에서 통용되는 구심력의 모든 상징이 그러하듯이 베트남인 사이에 호를 둘러싼 균열도 존재한다.

최근 도이 머이에 따라 베트남사회가 변화하면서 외국에 난민으로 탈출한 베트남인과 고향 베트남 간의 관계와 교류도 매년 확대되고 있다. 최근 베트남 북부의 타이 빈 성에서 다음과 같은 사건이 발생했다. 미국에 거주하고 있던 같은 성 출신 베트남인이 고향 마을에 있는 사찰의 복원을 위한 자금을 모아 송금했다. 이들 '재외동포'의 기부로 사찰은 훌륭하게 복원되어서 기념식이 거행되게 되었다. 미국 거주의 베트남인 기부자 대표도 초청되었다. 그런데 기념회의 식장에 호찌민의 큰 사진이 장식되어 있었다. 미국에서 온 대표는

미국 캘리포니아주 산호세의 베트남인 경영의 쇼핑센터

이것을 보고 격분하면서 자리를 떠나 버렸다.

　이 사건은 호찌민이라는 상징의 의미를 둘러싼 균열을 반영하고 있다. 아마도 호의 사진을 장식한 측인 지역 주민들은 정치적 의미를 심각하게 고려한 결과로서 이와 같은 행동을 한 것이 아니라, 여느 때처럼 호의 사진을 걸어놓기만 하면 종교행사에 정치적 간섭이 개재될 우려가 없다는 생각에서 그렇게 했을 것이다. 이 사례에 그치지 않고 종교적인 행사나 축제에 호찌민의 큰 사진이 장식된 광경이 현재의 베트남에서 자주 눈에 띈다. 조금 더 깊이 분별해 본다면 미국에서 대표가 오기 때문에 호의 사진이 있는 편이 더 안전하다고 판단했을 것이다. 하지만 미국에서 온 베트남인 측은 이제 겨우 고향 베트남에서도 불교 신앙의 자유가 어느 정도 회복되고 있다는 뜻에서 기부한 것인데, 하필이면 호와 같은 공산당 지도자의 사진을 장식해 정치 권력의 정통성을 과시하려는 행위에 이용당하는 것을 보고 화가 난 것이었다.

　수년 전 뉴욕에서 인기를 끌었고 일본에서도 상영된 《미스 사이공》이라는 뮤지컬이 있었다. 뮤지컬 속에 사람들이 호찌민의 초상을 쳐서 넘어뜨리는 장면이 있다. 소련과 동구에서 사회주의체제가 붕괴함에 따라 레닌과 이전 공산당 지도자의 동상이 쓰러뜨려지는 모습을 연상해서 만들어진 장면일 것이다. 필자는 역사상의 인물로서 호찌민 개인에 대해 나쁜 감정을 품고 있는 베트남인의 수는 매우 적다고 생각한다. 호가 1969년 9월에 타계했을 때 그의 정권과 전쟁으로 대립하고 있던 남베트남 소재 사이 공의 신문도 그의 죽음을 애도하는 논설을 게재했을 정도였다.

　그러나 그 후 호찌민의 이름으로 행해진 조치에 대해 강한 반발심을 가지게 된 사람의 존재까지 부정할 수는 없다. 예를 들면 다음과 같은 이야기가 있다. 1954년의 제네바협정으로 베트남이 남북으로 분단되었을 때 이산가족이 많았다. 이때 남베트남에 머물고 있던 부친이 1975년의 사이 공 해방 이후에 1954년에 북으로 간 자식과 20년 만에 재회한 이야기도 많다. 그와 같은 재회가 가족 단란의 행복을 가져다준 경우도 적지 않았지만 때로는 남에 남은 부친이 북에서 온 자식에게 "나에게는 지금 호 아저씨가 있단다. 너와는 이제 어떤 관계도 없다"라고 선언하여 자식을 절망의 심경으로 몰아넣은 사례도 없지는 않았다.

또한 남베트남이 해방된 후 구 남베트남 정부 관계자를 대상으로 벌인 개조교육은 확실히 캄보디아의 폴·포트 정권이 자행했던 학살에 비교하면 인도적이었는지 모르지만, 법적 근거가 희박한 채로 장기간에 걸쳐 관계자를 열악한 환경에 구속하여 행해진 정치교육으로 인해 민족화합의 분위기를 해친 측면이 많은 제도였다. 개조교육의 장소에 걸려있던 것이 다름 아닌 호찌민의 초상이었다. 개조교육 참가자와 그들의 가족이 호의 초상을 본다면 호가 베트남사에서 달성한 역할보다도 '개조교육센터'라는 이름의 수용소에 걸려있던 호의 초상을 떠올리는 것도 무리가 아닐 것이다. 이러한 사건은 모두 호찌민 자신이 책임을 져야 하는 것은 아니지만(저자 주: 호의 옹호자 사이에서는 호가 살아있다면 이런 사태는 발생하지 않았을 것으로 생각하는 사람도 많다), 상징으로서 존재하는 호에 반발을 불러일으키는 요인이 된 것도 사실이다.

현재의 베트남인들 사이에 공산당 지배라는 현 체제 유지의 상징으로서 호찌민사상을 말하는 사람부터 현 체제의 틀 속에서 한층 개혁을 촉진하려는 희망을 호찌민사상에 담아내려는 사람, 더 철저한 정치적 민주화에 호찌민사상이라는 상징을 활용하려는 사람, 생활 안전의 부적으로 호찌민을 활용하고 있는 사람, 그리고 호찌민이 상징이 되는 그 자체에 반발하는 사람에 이르기까지 다양한 호찌민관이 존재한다.

1995년 9월 2일 베트남 건국 50주년 기념일의 행렬에서 승복을 걸친 젊은 승려가 호찌민의 사진을 들고 행진하는 모습이 유달리 청중들의 시선을 끌었다. 이 모습을 호찌민사상이 제창되고 나서 종교 활동의 자유가 크게 회복된 베트남 불교의 새로운 전진의 상징으로 봐야 할지 혹은 이전보다 상황은 개선되었는지 모르지만, 호의 사진을 들고 걷지 않으면 안 될 정도로 베트남 불교가 처한 현실이 냉엄한 것으로 봐야 할지 보는 사람의 입장에 따라 의견은 나눠질 것이다. 하여튼 이 광경이 '도이 머이 시대의 호찌민'이라는 문제를 상징적으로 보여주고 있다는 것은 분명하다.

8. 호찌민의 탄생과 죽음

이처럼 도이 머이와 함께 호찌민의 의미가 다시 주목받고 있어서 호의 사상과 생애를 둘러싼 논의도 활발해지고 있다. 호찌민사상을 적극적으로 제창하는 견해에 선 논의가 다수인 반면에, 베트남의 현 체제를 비판하는 사람 가운데 이른바 그 최후의 기반인 호찌민에게 공격의 화살을 겨냥하려는 사람도 있다. 이러한 논의 가운데서 호의 생애와 관련된 새로운 사실과 자료가 차례차례로 공개된 것도 도이 머이 시대 하나의 특징이라 할 수 있다.

첫째로 호찌민 타계 날짜와 《유서》의 내용에 관한 것이다. 호의 사후에 공식적으로 발표된 사망 시각은 1969년 9월 3일 오전 9시 47분이었다. 또한 호의 장례식에선 같은 해 5월 10일 날짜가 기재된 《유서》가 발표되었지만 어떤 이유에서인지 호가 쓴 원문이 사진으로 공표된 것은 《유서》의 첫 페이지뿐이었다. 이 사실에 처음으로 의문을 제기한 사람은 1970년대 말의 중월분쟁 때 중국으로 망명한 당의 전 정치국위원인 호앙 반 호안Hoang Van Hoan이었다. 그는 호의 《유서》 가운데 첫 페이지만 공개된 것을 두고 호의 사후를 계승한 레주언 지도부가 《유서》의 내용을 왜곡하고 있을 가능성을 보여주는 것이라는 주장을 망명처인 베이징에서 전개했다.

이런 문제에 관해 호의 《유서》 집필 과정을 상세하고 명확하게 밝히는 형태로 답한 사람은 장기간 호의 비서로 근무한 부 끼Vu Ky였다. 그는 1989년 여름에 《유서를 쓴 호 아저씨》라는 회고록을 공표했다. 이 회고록은 호가 《유서》를 집필한 1965년 5월 10일부터 1969년 5월 10일까지의 경과를 자세히 소개했다. 회고록 가운데 기존에 공개되지 않았던 《유서》의 일부 내용도 언급되어 있다. 즉 호가 유해를 화장하여 베트남의 북부, 중부, 남부에 나누어 매장해달라고 요청한 것, 미국에 대항한 전쟁에서 승리하면 농업세를 1년간 면제할 것을 제안하고 싶다는 내용이 바로 그것이다.

베트남공산당은 부 끼의 회고록 공개를 수용하는 형태로 호찌민 사후 20주년에 해당하는 1989년 가을에 공식적으로 호 서거 당시에 당 지도부가 내린 정치적 고려를 공개했다. 그중의 하나는 호의 사망 시각이다. 호가 실제로 타계한 것은 1969년 9월 2일, 즉 베트남민주공화국의 24회째의 독립기념일 당일이었다는 사실이다. 당시 당 지도부는 독립기념일과 건국의 아버지 사망일이 겹치는 것을 피하려고 호의 사망 일자를 하루 늦추기로 했다. 게다가, 《유서》에 대해서도 당시 베트남전쟁의 상황에서 실행이 막연해진 농업세 면제 및 호에 대한 경애의 마음에서 실시를 주저한 화장의 부분을 삭제하여 공표했다는 것을 분명히 밝히고 새롭게 《유서》의 원문 전문을 공개했다. 그리고 농업세 면제에 대해서는 20년이 지난 후가 되어 호의 《유서》를 시행한다고 발표했다.

두 번째의 문제는 호찌민의 생년월일이다. 베트남민주공화국 건국 후 호의 탄생일은 1890년 5월 19일로 매년 이날에 기념행사가 거행됐다. 이 날짜는 지금도 공식적으로 견지되고 있다. 그러나 이 날짜의 생년월일은 베트남민주공화국 건국 직후 프랑스와 벌인 교섭 석상에서 호가 질문에 답한 날짜였다. 5월 19일은 1941년 호가 30년 만에 귀국하여 주재한 비엣 민 결성을 결정한 공산당 제8차 중앙위원회가 종료된 날로 이른바 비엣 민의 탄생일에 해당하는 날이다. 호는 자신의 탄생일이 성대하게 치러지는 것을 바라지 않아 만년에 이르기까지 5월 19일에는 주석 관저에 있지 않고 행사 출석을 핑계로 몸을 피했다. 호는 어차피 기념행사가 거행된다고 한다면 비엣 민 결성의 날에 맞추는 게 좋겠다는 정치적 배려에서 아마도 5월 19일이라는 날짜를 선택했을 것이다.

그러면 실제 호찌민의 생년월일은 언제였을까. 이 점과 관련하여 최근 프랑스에서 새로운 자료가 몇 가지 발굴되었다. 그 하나는 1911년에 출국한 호가 프랑스의 대통령 및 식민지 장관에게 보낸 식민지 관리양성학교의 입학원서로, 여기에는 생년이 1892년으로 되어 있다. 또한 호의 형인 응우옌 떳 닷Nguyen Tat Dat이 1920년 후에의 프랑스 비밀경찰에 증언한 것에는 호의 생년이 1891년, 같은 해 호의 누나가 베트남 중부의 프랑스 비밀경찰에 증언한 것에는 1893년이었다. 현재로선 아직 정설이 없지만 전문가들 사이에서는 1892년일 가능성이 크다고 주장하는 사람이 많다. 베트남의 공산당과 정부의 공식 문헌에는 호 자신이 바라고 있던 1890년 5월 19일이라는 날짜를 계속해서 공식 탄생기념일로 하면서도 연구 차원에서는 정확한 탄생일을 찾는 작업을 하고 있다. 마르크스·레닌주의·호찌민사상연구소가 간행하고 있는 호의 생애와 관련된 가장 권위가 있는 연표인 《호찌민 편년 소사》(현재 제6권까지 간행)의 제1권에는 탄생일을 1890년 5월 19일로 기록하면서도, 주에는 1992년 설, 1993년 설과 그 근거를 제시하는 형태를 취하고 있다.

　도이 머이의 과정에서 호찌민 생애의 기점과 종점에 대해서도 새롭게 조명되고 있다. 호찌민의 생애가 그의 생전 및 사후의 다양한 정치적 배려에서 완전히 해방되기에는 아직도 시간이 걸릴 것이다. 하지만 호의 실상에 접근하려는 시도도 본격화되고 있다는 점에서 현대의 특징을 발견할 수 있지 않을까 한다.

제2장

호찌민의 여행

젊은 시절의 호찌민

호찌민 인생의 전반부는 여행이라는 말로 특징지을 수 있을 것이다. 유교 지식인의 자식으로 태어난 호는 과거시험이라는 당시의 관리임용제도에 수반되는 여행을 부친을 따라 체험했다. 그리고 호가 1911년에 베트남을 출국하고 나서는 '구국의 길'을 찾아 전 세계를 무대로 여행한 것은 잘 알려져 있다. 이러한 여행이 호의 사상 형성에 큰 역할을 했고 역으로 그가 획득한 사상이 그러한 여행의 참모습을 규정했다.

호찌민의 여행이 이번 장의 주제이지만, 이 주제에 들어가기 전에 호가 태어나 자란 베트남에 대해 개관하려 한다.

1. 중화세계 속의 남국

베트남인의 옛 땅으로 일컬어지는 북부의 홍하델타 지대에는 기원전에 동선문화로 불리는 고도의 청동기문화가 번성했다. 그러나

이 지역은 기원전 2세기에 중국의 지배하에 들어가고 그 후 천 년 이상에 걸쳐 중국의 직접 지배가 계속되었다. 베트남이 자립을 달성한 것은 기원 10세기가 되어서였다.

자립 후의 베트남에도 북방의 거인=중국은 상대하기 힘든 존재였다. 송조, 원조, 명조, 청조라는 10세기 이후에 중국을 통일한 왕조는 각각 적어도 한 번은 베트남에 대규모 출병을 했다. 베트남은 이런 중국의 위협에 대항하기 위해 적극적으로 중국에서 탄생한 중화문명을 받아들였다. 이러한 과정에서 탄생한 베트남의 전통적인 국가의식은 북국=중국에 대해 자신을 남국으로 여기는 사고가 형성되었다.

남국의식은 두 가지 내용을 담고 있다. 첫째는 베트남은 문명의 빛이 비치지 않는 야만 세계에 속하는 것이 아니라 문명의 빛이 비치는 중화세계의 일원이라는 사고이다. 둘째는 그렇다고 베트남이 중국과 같으냐 하면 그렇지 않고, 북국=중국과 명확히 구별되는 독자적인 영역, 문화, 왕조, 역사를 가진 존재라는 사고이다. 이와 같은 사고는 15세기에 베트남이 명조의 20년에 걸친 지배에서 독립을 회복할 즈음에는 명확히 형성되어 있었다.

베트남 국가의 책임자는 자신을 중화문명이라고 하는 '고급 문명'과 나란히 이어지는 존재로 여겨, 그때까지 동료로 여기고 있던 주변의 이질 문화를 가진 사람들과 자신들 사이의 구별을 강조했다. 동남아시아의 주변 국가를 야만 세계의 존재로 간주할 뿐만 아니라, 베트남 국가의 판도 속에 거주하고 있던 산지민(역주: 산지민은 베트남인이 '모이'(야만인)라 부르는 소수민족으로 주로 고원지대에서 생활했다. 프랑스인은 이들을 '몽따냐르'Montagnards 즉 산지민山地民이라 불렀다)도 야만인으로 간주하면서 그들과 대비하여 문명의 빛이 빛나는 서울의 인간이라는 의미에서 자신들을 '서울 사람'京人으로 여겼다. 현재 다민족 국가인 베트남에서 인구의 85%를 차지하는 킨족, 좁은 의미의 베트남인은 이런 과정에서 형성된 집단이었다. 남국의식은 베트남이라는 주변 국가에서 탄생한 소중화사상이었다.

베트남의 판도는 15세기 이후 인도차이나반도의 동쪽 해안평야를 따라 남쪽으로 확대되었다. 이것이 베트남의 남진으로 18세기에는 남쪽 메콩델타에 이르렀다. 베트남은 남진 과정에서 객관적으로 볼 때는 주변 동남아시아 세계와 관계를 강화했지만, 베트남 지배자는 이러한 국면에서 소중화사상의 강화로 대처하려 했다. 그러나 중국의 왕조처럼 주위에 대해 압도적인 힘을 보유하지 못해 소중화제국을 형성하기에는 한계가 있었다. 베트남은 인도차이나반도의 서쪽에서 세력을 확대한 시암(현재의 타이)과 캄보디아와 라오스를 둘러싸고 패권 전쟁을 계속하면서 피폐해져 19세기 후반에는 프랑스의 식민지지배 하에 놓이게 되었다.

남국의식은 동남아시아라는 장소에서 조숙하게 형성된 국가의식이며 근대 민족주의의 기초가 되었다. 하지만 이런 의식은 중화세계라는 한정된 세계 속에 자신을 자리매김하려는 중화문명의 '거룩한 문자'인 한자를 이해하는 식자 엘리트의 의식이며, 베트남의 대중과도 또한 주변 동남아시아의 이질 문화를 가진 사람들과도 동떨어진 한계를 지니고 있었다.

잃어버린 베트남의 자립 회복과 함께 이러한 남국의식의 한계를 극복하는 것도 베트남 근·현대사의 큰 과제의 하나였다. 먼저 바깥으로는 중화세계가 아니라 문자 그대로 지구 규모로 확대된 세계 속에 자신을 자리매김함과 동시에 주변 동남아시아 세계와 결합을 모색하는 것이 과제였다. 또한 안으로는 전통적으로 말하는 언어에 불과했던 베트남어의 정통성을 확립하여 지식인과 대중이 공감할 수 있는 언어 공간을 형성하는 것이 과제였다.

한편, 베트남 전통 국가의 존재방식 속에서 형성된 베트남인의 사회는 두 가지 큰 특징을 가지고 있었다. 첫째, 14세기 이후 국가 이데올로기로서 우세를 점하게 된 유교의 영향이다. 유교를 학습한 지식인을 과거시험을 통해 왕조의 관료로 등용하는 제도는 선비士=지식인을 존중하는 사회적 규범을 형성했다. 지도자에게는 엄격한 도덕적 규범성이 요구되었다. 또 '인의예지신'이라는 유교적 덕목 가운데 베트남에서는 인간이 당연히 행해야 하고 사리에 맞는 길을 걸어가야 한다는 의미의 '의'가 중시되었다.

또 다른 하나는 '왕의 법도 마을 울타리까지'라든가 '왕의 법도 마을의 규정보다 못하다'는 것처럼 국가에 대해 상대적 자율성을 가진 강고한 촌락공동체로 이뤄진 마을사회의 형성이다. 이것은 17세기~18세기의 내란기에 형성된 사회적 존재방식이라 여겨지고 있다. 마을의 자치를 담당한 사람은 나이와 관직의 두 가지 척도로 뽑힌 유력자였다. 관직은 과거관료제도 하에서 학식과 상당히 일치하기 때문에 유력자 선출은 나이와 식견이 척도였다고 바꿔말할 수 있을 것이다.

여기서 베트남인 사회의 이상적인 지도자상像이 떠오르게 된다. 하나는, 청렴결백함과 동시에 오랜 인생 경험과 풍부한 지식에 기반하여 사람들로부터 존경을 받고, 마을 통합의 구심점이 되는 마을장로 유형의 지도자이다. 또 하나는, 마을사회는 기본적으로 상의하면서 일을 결정하는 사회이고, 이런 사회에선 사리에 맞게 조정하는 능력과 덕이 중요하며 강제적인 독재자는 바람직하지 못하다는 것이다. 호찌민은 이러한 베트남인이 요구하는 지도자상에 딱 들어맞는 인물이었다. 다른 방식으로 표현하면 호는 베트남인이 찾고 있던 이상적 지도자상을 스스로 연출해내는 능력을 갖춘 인물이었다. 이와 같은 호라는 인간이 형성되는 과정을 아래에서 구체적으로 보도록 하자.

2. 호찌민이 태어난 시대

호찌민이 태어난 1890년대는 안정의 징조를 보여주고 있던 시대였다. 베트남의 유교 지식인은 1858년 시작된 프랑스의 베트남 침략에 대해 전통적 지배 질서를 옹호하는 충군애국사상에 기반한 항불근왕운동을 일으키면서 무력저항운동을 배제했다. 항불근왕운동이 탄압받고 응우옌왕조가 프랑스 식민지지배에 포섭되어 버린 것은 베트남 지식인의 가치관에 동요를 일으켰다.

프랑스 식민지지배의 형성은 전통적인 동아시아 국제질서였던 중화세계에서 베트남을 절단하는 의미를 지니었다. 첫째로, 베트남 왕조가 중국 왕조에 바쳐왔던 조공에 종지부를 찍었고 응우옌왕조는 프랑스의 보호국이 되었다. 둘째로, 베트남에서 전통적으로 공적인 국가행정은 한자·한문으로 처리되었지만 식민지지배로 프랑스어가 행정용어로 대체되었다. 게다가 베트남인을 프랑스어에 접근시키는 도구로서 17세기 가톨릭 선교사에 의해 만들어진 베트남어의 로마자 표기법(뒤에 베트남인은 꾸옥 응어라 부르게 된다)이 프랑스어의 보조 언어로써 행정과 교육의 장에서 사용되었다. 한자·한문을 통한 베트남 지식인의 중화세계와의 유대는 단절되고 프랑스어와 로마자 표기의 베트남어가 지식인의 필수 교양이 되었다. 더욱이 베트남은 이웃나라인 캄보디아, 라오스와 함께 프랑스령 인도차이나의 일부로 통치를 받게 되지만 두 나라는 중화문명의 영향을 강하게 받은 베트남과 달리 인도문명의 영향을 강하게 받은 나라였다. 베트남은 이질 문명을 가진 동남아시아의 이웃과 관계를 심화하지 않을 수 없게 되었다.

이런 가운데 전통적인 가치관만으로는 새로운 지배자인 프랑스에 대항할 수 없다는 생각은 베트남의 지식인으로 하여금 새로운 빛을 찾아 여행을 떠나게 했다. 베트남의 지식인은 원래 중화문명이라는 동아시아의 보편적인 문명에 자신을 자리매김하면서 새롭게 자신과 결합해야 할 보편을 찾고 있었다. 호와 같은 응에 안 성·남 단 현 출신의 판 보이 쩌우Phan Boi Chau, 1867~1940(호의 부친 세대에 속함)가 호소한 러일전쟁 후의 일본 유학 운동인 동유운동은 그 대표적인 예였다. 외국에 뜻을 품고 떠나는 '출양'出洋은 20세기 전반 많은 용기 있는 베트남 청년에게 동경의 대상이 되었다.

3. 과거관료제의 여행

호찌민은 부친 응우옌 신 삭Nguyen Sinh Sac과 모친 호앙 티 로안 Hoang Thi Loan의 사이에서 외가인 응에 안 성·남 단 현·호앙 쭈

응우옌 신 삭

마을에서 태어났다. 호의 태어난 해와 관련해서는 여러 가지 설이 있다는 것은 앞에서 서술한 대로이다. 호의 아명은 응우옌 신 꿍 Nguyen Sinh Cung이었다.

부친인 응우옌 신 삭은 아버지를 어린 나이에 여의고, 아내 호앙 티 로안의 아버지이자 한자 교사였던 호앙 즈엉Hoang Duong에 맡겨져 과거시험을 목표로 공부했다. 삭은 호찌민이 태어난 후인 1894년 응에 안 성의 성시(지방에서 시행하는 시험)에 합격하여 '거인'의 자격을 취득했다. 삭은 이듬해인 1895년에 응우옌왕조의 왕도인 후에로 갔는데 호도 이때 함께 따라갔다. 삭은 곧바로 관직에 앉지 않고 1898년부터 후에 근교의 마을에서 서당을 열어 마을의 청년들을 가르쳤다. 호도 부친의 서당에서 한학의 기초를 배웠다.

호는 1901년에 모친을 여읜 후 모친의 고향에 맡겨졌다. 응우옌 신 삭이 같은 해 회시(수도 후에에서 시행된 시험)에서 '부방'으로 합격했기 때문에 삭이 태어난 고향인 응에 안 성·남 단 현·낌 리엔 마을에서 과거시험 고위 합격자에 대한 의례로 마을의 전답이 부여되었고 주거의 지원을 받게 되어, 호도 낌 리엔 마을에서 부친과 함께 살게 되었다. '부방'으로 합격한 부친의 입촌식 때 호에게도 응우옌 떳 타인Nguyen Tat Thanh이라는 새로운 이름이 주어졌다. 호는 부모의 고향에서 고명한 재촌 유학자 밑에서 한학 공부를 계속했다. 이처럼 호의 유년 시절 교육은 베트남의 전통적인 지식인이 받았던 한학 교육이었다.

1905년은 호의 인생에서 최초로 갈림길에 선 시기였다. 같은 해에 판 보이 쩌우가 제창하는 일본으로의 비합법적 유학운동인 동유운동이 시작되었다. 러일전쟁에서 승리한 일본을 배워 조국을 프랑스 지배에서 해방하려는 판 보이 쩌우의 호소는 반 프랑스적인 베트남 지식인 사이에 널리 침투하여 가장 많을 때는 200명 정도의 베트남 청년이 일본으로 건너갔다. 이러한 동유운동의 호소는 당연히 호에게도 전달되었지만 호는 일본으로 가는 길을 선택하지 않았다. 그 대신 부친 응우옌 신 삭은 응에 안 성의 성도인 빈에서 문을 연 프랑스 식민지 정권이 만든 초등학교에 호를 보내는 길을 선택했다.

　이런 선택이 호 자신의 정치적 판단으로 이뤄졌는지와 관련해서는 논쟁이 있다. 즉, '프랑스와 투쟁하기 위해 일본에 의존하는 것은 앞문에서 호랑이를 막고 뒷문에서 이리를 맞이하는 것과 같다'라고 당시 판 쩌우 찐Phan Chau Trinh(판 쭈 찐으로도 부름) 등이 벌이고 있던

호가 어릴 때 살았던 낌 리엔 마을의 가옥

판 보이 쩌우   판 쩌우 찐

동유운동 비판을 호가 공유하고 있었느냐의 문제이다. 나이로 볼 때 아직 부친의 판단이 큰 의미를 지닌 시기로 생각된다. 어쨌든 응우옌 신 삭과 호는 프랑스에서 배워야 얻을 것이 있다고 판단했다.

삭은 1862년 출생으로 당시는 이미 40살이 넘었는데도 프랑스어의 공부에 열의를 보였다. 삭은 프랑스 식민지지배의 괴뢰가 된 응우옌 왕조의 관리로 일하고 있었지만 수구적인 인물은 아니었다. 이러한 발상은 당시 베트남의 전통적 지식인들 사이에서 생성되고 있던 하나의 계보를 대표하는 것이었다. 그 후 삭은 관직에 취임하기 위해 1906년 후에로 갔을 때 호도 동행했다. 호는 후에의 동 바 초등학교에서 초급반을 수료한 후, 후에의 명문 학교인 국가학당(저자 주: '국학 = 꾸옥 혹' 학교)의 중급반에서 배웠다(현재로 보면 중학교 졸업에 해당한다).

응우옌 신 삭은 1909년에 중부의 빈 딘 성·빈 케 현의 지현(현지사)에 임명되어 호도 부친과 동행했다. 호는 꾸이 년 시로 가서 초등학교 고급반의 교사로부터 프랑스어 학습을 계속했다. 그러나 삭은 1910년 지역의 농민을 폭행 치사한 사건으로 지현을 파면당했다. 이 사건으로 삭은 고무 플랜테이션의 감시인을 하면서 겨우 생계를 꾸려가는 실의의 생활을 하게 된다. 그리고 부친의 사건은 호의 과거 관료의 자식으로서의 여행에도 종지부를 찍는 역할을 했다. 호는 이 사건으로 자활하지 않으면 안되게 되어 1910년 9월부터 수 개월간 판 티엣의 사립학교인 둑 타인 학교에서 체육 예비 교원으로 근무한 후, 1911년 2월쯤 단신으로 사이 공으로 갔다.

이때까지 과거 관료인 부친을 따라 했던 여행은 호에게 세 가지의 귀중한 재산을 남겨주었다. 첫째로, 호가 부친을 따라 응에 안 성·남 단 현의 고향만 아니라 왕도 후에와 꾸이 년, 사이 공 등의 베트남 각지를 돌아다니면서 '조국 베트남'이라는 틀을 실감할 수 있는 인물로서 성장했다는 점이다. 당시 베트남은 프랑스의 식민지지배로 인해 코친차이나, 안남, 통킹의 세 지방으로 분할되어 지도상에 베트남이라는 틀은 존재하지 않았다. 호는 이러한 시대에 과거 관료라는 전통적인 베트남을 지탱하는 계층에 속하는 부친을 따라 여행한 것을 통해 '잃어버린 베트남'을 실제로 체험했다. 호는 마르크스-레닌주의를 수용한 이후에도 일관되게 베트남이라는 틀에 집착하면서 베트남의 독립을 계속 추구했다. 호가 베트남의 틀에 집착한 것은 어릴 때의 여행과 결부되어 있다.

둘째로, 동아시아의 전통 교양인 한학에 관한 기초 지식이다. 이 지식은 호찌민이 마르크스-레닌주의를 포함한 서구 근대와 마주칠 때 주체적이며 창조적인 수용을 가능하게 해준 기반이 되었다.

셋째로, 프랑스를 포함한 서구 근대로 나아가게 하는 지향성의 양성이다. 동유운동은 개시 초창기 '동문동종'의 벗으로서 일본, 즉 이전 베트남도 그 속에 자리했던 중화세계라는 세계관의 틀 속에서 시작된 운동이었다. 물론 20세기 초의 단계에서 베트남 지식인에게도 서구 근대는 단순한 '적'이 아니라 그것을 배워야 베트남이 전진할 수 있는 '빛'으로 받아들여졌다. 그러나 당시 서구 근대사상의 수용은 '신서'新書로 불린 중국의 개량파와 혁명파의 한문 문헌을 통해 이뤄지는 것이 기본적인 방식이었다. 이러한 단계에서 프랑스 식민지정권이 설치한 학교에 다니면서 프랑스와 자신을 직접 결부시킴으로써 새로운 길을 개척하려고 발상하게 된 점에서, 호찌민은 새로운 시대의 인간이었다. 호는 전통적 지식인이 자신의 자식에게 프랑스식 교육을 받게 하려고 생각하기 시작한 최초 시기의 산물이었다.

4. 식민지관리양성학교의 입학원서

호찌민은 1911년 6월 5일 프랑스 선박의 수습 요리사로서 조국 베트남을 떠났다. 호는 이날부터 세계 각지를 돌아다니는 새로운 여행을 시작했다. 이 여행은 호찌민전에서 '구국의 길'을 찾아 떠난 여행으로 묘사되는 것이 보통이다. 그런데 그것과 관련하여 문제 되는 자료가 1983년 프랑스에서 발견되었다. 응우옌 떤 타인이 프랑스 대통령과 식민지 대신에게 보낸 1911년 9월 15일 날짜의 프랑스 본국에 있던 식민지관리양성학교École Coloniale의 입학원서가 바로 그것이다.

이 학교는 1885년에 개교했으며 프랑스의 인도차이나 총독의 장학금을 받은 현지인 학생을 식민지 관리로 양성하는 것이 목적이었다. 최초로 베트남 학생이 입학한 것은 1892년이었다. 호가 원서를 내기 이전에 이 학교에서 공부한 베트남인은 수 명 정도 있었다.

호가 식민지관리양성학교에 입학원서를 냈다는 이야기와 그가 프랑스의 식민지배에서 해방되는 '구국의 길'을 찾아 출국했다는 이야기는 언뜻 보기에 모순되어 보인다. 프랑스의 고명한 베트남 근대사 연구자인 다니엘 에므리Daniel H'emery는 이 자료에 근거하여 호가 출국한 목적을 부친이 지현의 직을 해임당한 곤란한 상황에서 생계를 꾸려가기 위한 것이었으며, 잘만 하면 관리가 된다는 희망을 품고 있지 않았겠느냐고 주장했다. 이에 대해 베트남 국내의 호찌민 연구자는 식민지관리양성학교에 입학한 베트남인으로 관리가 되지 못한 사람도 많이 있었고, 이 학교에 원서를 낸 것과 식민지 정권의 관리가 되어 생계를 꾸려가는 것을 같은 의미로 간주할 수 없다고 주장했다. 더욱이 호는 프랑스에 대한 견식을 넓히기 위해 학교 입학을 희망한 것이어서 원서의 존재로 호가 '구국의 길'을 찾아 출국한 것을 부정할 수 없다는 반론을 폈다.

필자는 이 문제를 해석하기 위해서는 호찌민의 입학원서를 솔직하게 읽는 것이 가장 좋은 방법이라 생각한다. 호는 원서에 자신의 학습 목적을 "프랑스가 나의 동포에게 이익이 되고, 동시에 동포가 학식의 혜택을 받아 누릴 수 있게 도와줄 수 있기를 희망합니다."라고 적었다. 호 자신이 그 후에 말한 출국의 목적도 이것과 비슷한데, "외국에 가서 프랑스와 그 외 여러 나라가 어떠한지 먼저 보고 싶었다. 외국이 어떠한지를 본 후에 나라로 돌아가 우리 동포를 돕고 싶다고 나는 생각했다."라고 말했다. 이 사실에서 말할 수 있는 것은 먼저 호가 이 시점에서 가족의 생계만이 아니라 동포로 그가 불렀던 베트남 민족의 장래에도 강한 생각을 하고 있었다는 점이다.

동포에 관한 생각을 '구국의 길'을 찾아서로 부르는 것은 가능하다고 생각되지만, 호가 이 시점에서 이미 프랑스의 식민지지배를 타도할 목적으로 반체제 혁명가로서 살아가려는 결의를 굳히고 있었다고 하기에는 무리가 있다. 호가 동포에 관한 생각을 실현하는 어떤 방법을 가지고 있었는지와 관련해서는 아직 명확한 사고가 없었다고 보는 것이 타당할 것이다. 호의 입학원서를 두고 벌어진 논쟁은 '구국의 길'을 혁명가로 살아간다고 하는 매우 좁은 의미로 해석한 나머지 발생한 논의가 아닐까 한다. 또한 '구국의 길'의 의미를 넓게 해석하면 가족의 생계를 지원한다는 현실적인 문제와 모순되는 길도 아니었다.

어쨌든 분명한 것은 호의 식민지관리양성학교의 입학 희망은 실현되지 않았다는 점이다. 1910년 4월부터 이 학교에 입학하기 위해서는 현지 인도차이나 총독의 추천이 필요했는데 호의 원서는 이러한 절차를 밟지 않았기 때문이었다. 이리하여 프랑스 본국의 학교에서 공부한다고 하는 당시 겨우 베트남인에게도 열리고 있던 여행을 호는 걸어갈 수 없었다.

5. 미국·영국·프랑스

호찌민은 프랑스에 도착하여 두 가지 중요한 발견을 했다. 하나는 '프랑스에도 베트남과 같이 가난한 사람이 있다'라는 사실이며, 다른 하나는 '프랑스 본국의 프랑스인은 인도차이나의 프랑스인보다도 훨씬 정중하고 예의 바르다'라는 사실이었다. 이 두 가지 놀라운 발견은 그 후 호의 사상 형성에 큰 의미를 지니고 있었다.

식민지관리양성학교에 입학할 수 없었던 호는 선원으로서 여행을 계속했다. 1912년 아프리카 각지를 방문한 후 같은 해 12월에는 미국으로 건너가 뉴욕 교외에서 1년 정도 체재했다. 호는 1966년 미국의 신문기자에게 당시를 회상하면서, "나는 당시 브루클린에서 월급 40달러로 고용되어 일하고 있었지만, 지금은 베트남의 국가 주석으로 44달러의 월급을 받고 있습니다."라고 농담 섞인 말로 말했다.

호찌민은 1913년이 저물 때 미국에서 영국으로 건너갔다. 호는 그곳에서 학교의 눈 치우는 잡역부, 보일러공을 한 후 런던에서 유명한 칼튼호텔의 레스토랑에 취업했다. 이곳에서 호는 레스토랑의 경영자로부터 장래가 촉망되는 직원으로 두터운 신임을 얻었지만, 결국 그의 유혹을 뿌리치고 1917년 9월부터 11월 사이에 프랑스 파리로 건너갔다.

미국과 영국은 당시 가장 앞선 선진국이었지만 베트남과의 관계는 희박했다. 호찌민이 두 나라에 상당히 장기간 체재한 것은 호의 서양 세계에 대한 호기심이 많았음을 보여주는 것이며 호의 시야를 넓혀주었다는 데 큰 의미가 있다. 호는 최종적으로 조국 동포에게 도움이 되고 싶다는 소원을 숨기면서도 그의 호기심은 베트남의 종주국인 프랑스와 그곳에 살고 있던 베트남인 사이에서 생활하고 활동하는 틀을 벗어나 확산하고 있었다. 1914년 제1차 세계대전이 시작되자, 호는 영국의 길거리에 걸린 '민족의 자유를 수호하라'라는 표어에 감동하여 병사 지원을 했다. 그의 희망은 모병소에서 자격 미달의 판정을 받아 실현되지 못했지만 이쯤부터 호는 조국 베트남의 동향과 재외 베트남인 사이에서의 정치활동에 관심을 두게 되었던 것 같다.

이러한 사실은 호가 20세기 초 베트남 민족주의 기수의 한 사람인 판 쩌우 찐과 편지로 본격적으로 교류를 전개한 것에서 엿볼 수 있다. 더욱이 1916년 후에서 발생한 주이 떤Duy Tan, 維新 황제의 반불 행동 및 1917년 8월~9월의 타이 응우옌에서 발생한 베트남인 병사의 반란이 있었다. 베트남 국내에서 발생한 두 사건은 호에게 무엇인가 해야 한다는 생각을 불러일으켜 프랑스로 향하게 했다. 파리는 유럽의 정치 중심지로서 다양한 정치 조류가 존재했고 다수의 베트남인과 프랑스령 식민지 출신자가 집중해 있었다(저자 주: 1911년 프랑스 거주 베트남인은 아직 200명 정도였지만, 제1차 세계대전으로 유럽 전선에 베트남인 병사와 노동자가 대량으로 동원되었기 때문에 베트남인의 수는 1917년에 7만~9만에 달했다). 파리는 정치활동의 무대로서는 런던과 뉴욕이 지니지 못한 유리한 조건을 갖춘 장소였다. 호의 1917년 파리행은 분명히 이러한 조건을 활용하려는 정치적 동기에 의한 행동이었다.

호찌민은 민족주의자였다고 한다. 필자도 이 사실을 부정할 뜻은 전혀 없지만, 출국 이전에 호가 이미 형태가 갖추어진 베트남 민족주의를 구현하고 있었다고 생각하기에는 조금 의문이 든다. 오히려 호의 베트남 출국 이후의 여행 경과를 고려한다면, 그의 민족주의는 뉴욕과 런던에서 베트남인을 그다지 만나지 않은 채 생활하는 가운데 점차 형성되었다고 보는 편이 자연스러워 보인다.

호찌민의 민족주의는 조국 베트남이 겪고 있는 비참한 운명이 베트남만의 개별 문제가 아니라 국제적인 보편성을 지니고 있고, 식민지지배하의 베트남에 관한 관심과 공감을 프랑스인을 포함해 널리 국제적으로 획득할 수 있다는 신념을 동반했다는 점에서 그 특징을 찾을 수 있다. 즉, 호의 민족주의는 국제주의의 계기를 포함하여 형성된 것이며 호의 민족주의와 국제주의는 병행해서 심화되어갔다. 파리로 이주한 선택도 단순히 다수의 베트남인과 더 많이 접촉할 수 있다는 판단만이 아니라, 유럽 사람들 사이에 베트남의 운명에 공감하는 분위기를 형성하기 위해서는 유럽의 정치운동에 참가함으로써 이뤄내기 쉽다는 판단에서 이뤄진 것이었다. 물론 호의 민족주의 형성에 조국 베트남에서 체험한 것이 기초가 되었다는 것은 틀림없지만, 이미 형성되어 있던 민족주의에 외국 여행이 국제주의적 시점을 더해 주었다기보다는 외국에서 유랑 여행을 한 것이 그의 국제주의적 시점을 강하게 띄는 민족주의자로 만들었다고 봐야 하지 않을까 한다.

6. 응우옌 아이 꾸옥의 등장

이처럼 호찌민의 민족주의와 국제주의가 동시에 형성되었다고 생각한다면, 파리에 온 호가 판 쩌우 찐과 판 반 쯔엉Phan Van Truong 등 당시 파리에 거주하고 있던 베트남인 정객과 교류하는 한편, 프랑스인의 정치활동에도 강한 관심을 가지는 과정에서 '프랑스에서 나의 나라를 옹호해주는 유일의 조직'이라는 판단으로 1919년 초 프랑스사회당에 참가한 것도 잘 이해할 수 있게 된다. 하지만 호가 프랑스사회당에 참가한 그 자체가 베트남인 사이에서 보기 드문 일은 아니었고 그때까지 80명 정도가 참가하고 있었다. 호의 독특함은 프랑스사회당에 참가하면서 프랑스인의 정치 가운데 매몰되지 않고 베트남과 식민지를 위해 활동하려고 생각한 점에 있었다.

파리에 온 호찌민이 최초로 펼친 본격적인 활동은 1919년 6월 18일 제1차 세계대전의 베르사유 강화회의에 「안남 인민의 요구」(저자 주: 안남은 중국 당 시대에 사용되었고 그 뒤에 베트남을 가리키는 말로 프랑스 식민 시대에는 베트남 중부지방, 베트남 일반을 지칭하는 쌍방의 의미로 사용되고 있었다. 여기서는 베트남의 의미로 사용한다)라는 청원서 제출이었다. 이때 호가 사용한 이름이 응우옌 아이 꾸옥으로 이 활동과 이름에 의해 호는 일거에 유명해졌다. 청원서는 미국의 윌슨Thomas Woodrow Wilson의 14개 조 평화 원칙의 영향을 받아서 판 쩌우 찐, 판 반 쯔엉, 호찌민의 세 사람이 중심이 되어 정리하고, 응우옌 아이 꾸옥의 서명으로 제출되었다. 청원서는 다음과 같은 8개 항목으로 구성되어 있다.

- 토착민 정치범 전원 사면.
- 인도차이나의 법률을 개혁하여, 토착민이 유럽인과 동등하게 법률의 보호를 받을 권리를 누릴 수 있도록 한다. 안남 인민의 가장 충실한 부분을 탄압하고 압박하는 도구가 되어 있는 모든 특별 법정을 완전히 폐지한다.
- 보도와 언론의 자유.
- 결사와 집회의 자유.
- 국외에 거주할 자유와 외국에 갈 자유.
- 토착민에게 필요한 기술과 직업교육을 실시하는 학교를 모든 성에 설치할 학습의 자유.
- 총독령 제도를 입법부가 제정한 법에 따른 제도로 바꾼다.
- 프랑스 국회에 토착민이 선출한 토착민의 상설대표단을 두고 인

민의 청원을 국회에 전달한다.

이를 보면 알 수 있듯이, 청원서는 민족독립을 요구한 것이 아니라, 식민지의 토착민에게 유럽인과 동등한 권리를 부여해 달라고 요구한 것이다. 이 점을 어떻게 평가할 것인지는 베트남 국내의 호찌민 연구에서도 논쟁이 되고 있다. 청원서의 내용을 당시의 호 정치사상의 도달점으로서 솔직히 이해해야 한다는 것에서, 호는 명확히 민족독립의 생각을 하고 있었지만, 강화회의에 낸 청원에서는 그것을 직접 언급하지 않은 채 개량적 요구를 함으로써 프랑스를 비롯한 열강의 반응을 시험하려 했다는 평가에 이르기까지 다양한 견해가 존재한다.

청원서의 내용을 평가하는 데 있어 호찌민 개인의 생각이 아닌 판 쩌우 찐과 상의하여 작성하였다는 점에 주의해야 한다. 판 쩌우 찐은 반프랑스 무장투쟁을 주창한 판 보이 쩌우와 달리 프랑스에 의존하여 우선 베트남인의 교육 수준 향상을 주창하던 인물이었다. 호는 민족운동의 선배로서 판 쩌우 찐을 존경하여 파리에 도착하고 나서도 긴밀한 관계를 유지하고 있었지만, 1919년의 시점에서 두 사람 사이에 상당한 생각 차이가 발생하고 있었다는 것을 엿보게 하는 자료도 상당히 존재한다.

청원서는 이러한 판 쩌우 찐의 생각도 포함해 작성된 것이었다. 하지만 이 시점에서 두 사람의 차이는 현재 독립을 곧바로 요구할 것인지 개량을 실현할 것인지 라기보다는 민주주의적 권리 획득을 위해 베트남인이 강력한 행동으로 나아가야 할 것인지 프랑스의 선의에 기대를 걸어야 하는지의 문제에 있었던 것 같다. 청원서의 제

출도 행동에 신중한 판 쩌
우 찐을 호가 설득한 결과
였을 것이다.

그러면 호 자기 생각은
어떠했을까. 호찌민은 청원
서를 제출한 직후의 시기에
프랑스의 인도차이나 통치
와 일본의 조선 통치를 비
교하는 발언과 논문을 남겼
다. 호는 "일본 제국주의를
옹호하는, 경멸받을 역할을

호찌민이 《르 파리아》지에서 묘사한 만화

할 생각은 전혀 없다."라고 하면서도 "일본인은 조선인을 완전히 일
본화하려 한다. 이것과 반대로 프랑스는 안남인과 프랑스인 사이의
불평등을 영원히 유지하려 하고 있다."라며 프랑스의 우민화정책을
혹독하게 비판하고, "프랑스는 일본이 조선에 대해 행한 대담함을
인도차이나에서 보여줄 수 있을까?"라고 지적했다.

일본은 당시 조선에서 고양되고 있던 3·1독립운동을 탄압한 후인
1919년 8월부터 식민정책을 이른바 무단통치에서 문화통치로 전환
하려 했고, 조선인도 천황의 신민으로서 일본인과 다름없이 취급한
다는 의미의 표어로써 '일시동인'을 강조했다. 그 연장에서 일본 지
배에 저촉되지 않는 범위 내에서 언론, 출판, 집회, 결사의 자유를
인정하는 방향으로 정책을 바꾸고 있었다. 호의 발언은 여기에 주목
한 것이었다. 호는 조선의 독립파가 일본의 이러한 정책 변화에 반대
하는 것을 이해하고 있었지만, 오히려 호가 이런 발언을 한 것은 민

주주의적인 권리의 중요성을 매우 중시하여 베트남인에게 이것을 인정하지 않으려는 프랑스 통치자의 어리석음을 혹독하게 비판하기 위해서였다.

호는 이 시점에서 이미 반제국주의의 생각을 분명히 지니고 있었고 베트남인의 행동만이 베트남을 개량하는 길이라고 생각하고 있었던 것 같다. 그리고 그도 궁극적으로 독립을 바라고 있었음은 의심의 여지가 없지만, 다만 제국주의를 어떠한 방법으로 타도하여 독립을 실현할 것인지에 대한 전망은 찾아내지 못했다. 그래서 독립을 척도로 하지 않고 민주주의적 개혁을 요구하는 청원을 통해 개량의 시점에서 일본과 프랑스의 식민지지배를 비교한 것이 아닐까 한다.

그렇다고 해서 청원서의 개량주의적 한계를 강조하는 것도 문제인 것 같다. 호찌민은 뒤에 레닌주의를 수용하고 민족의 독립을 직접적인 목표로 정하고 나서도 종종 이러한 민주주의적 권리 확립의 필요성을 강조했다. 이러한 사상은 호가 미국, 영국, 프랑스 체재를 통해 획득한 것이었다. 이런 민주주의에 관한 호의 기본적 자세는 강조되지 않으면 안 될 것이다.

더욱이 이른바 제3세계의 근대 민족주의는 구미가 민주주의를 이념으로 내걸면서도 식민지지배하의 제3세계에는 그러한 이념을 적용하지 않으려는 것을 비판했다. 청원서는 이런 점에서 식민지 민족주의의 하나의 전형적인 표현이었다고 할 수 있다. 청원서와 함께 응우옌 아이 꾸옥이라는 이름이 등장한 것은 그런 의미에서 정말로 잘 어울리는 일이었다.

7. 레닌주의와의 만남

이미 프랑스사회당에 참가하고 있던 호찌민이 레닌Vladimir Il'Ich Lenin의 「민족·식민지 문제에 관한 테제 원안」을 접한 것은 이것이 《위마니떼》지에 발표된 1920년 7월 16일~17일 이후의 일이었다. 레닌은 민족문제와 식민지문제를 결합하여 베르사유 강화회의에서 결국 유럽밖에 적용되지 않았던 민족자결의 원칙을 식민지 피억압민족 전체에 보편적으로 적용하여 선진국 프롤레타리아의 혁명투쟁과 피억압민족의 해방운동 사이의 긴밀한 동맹을 제창했다. 이 논문을 읽은 호는 그 자신의 회고에 의하면, '울고 싶을 정도의 기쁨'. '고통에 괴로워하는 동포여! 이것이야말로 우리가 필요로 했던 것이다, 이것이야말로 우리의 해방의 길이다!'라고 큰소리로 외쳤다고 한다.

프랑스사회당 투르 대회의 호찌민

호찌민이 레닌주의를 애국주의=민족주의의 입장에서 수용한 것은 명백하지만 레닌주의의 수용으로 호의 민족주의도 민족독립을 명확히 지향하는 방향으로 발전했다는 측면도 간과할 수 없다. 호는 레닌의 논문에서 민족독립을 실현할 수 있는 확실한 전망을 발견함으로써 독립 전사가 되었다.

호찌민의 레닌주의와의 만남이 1920년 12월에 개최된 프랑스사회당 대회에서 제3인터내셔널(코민테른)지지=프랑스공산당 결성 참가로 이어졌다는 사실은 잘 알려져 있다. 당시 모든 나라의 공산당은 세계 공산당인 코민테른의 지부였기 때문에 이 사실로 호가 국제공산주의운동에 참여한 것으로 봐도 좋을 것이다.

이와 동시에 다른 많은 식민지·종주국의 해방 지도자의 경우처럼 레닌주의가 '세계사적 현대'를 살아가고 있다는 확신을 호찌민에게 부여했다는 측면도 경시해서는 안 된다. 레닌주의는 '후진적'이라고 경멸당해 왔던 식민지·종속국의 해방운동에 반제국주의라는 세계사의 최첨단의 임무를 떠맡는 위치를 부여했다. 공산주의는 호를 포함한 다수의 식민지·종속국의 해방운동 지도자에게 자기 민족이 '세계사적 현대'를 살아가고 있다는 것을 증명하는 구호였다. 호는 프랑스공산당 내에서 식민지 문제에 관한 관심을 고조시키기 위해서라도 또한 베트남 민족이 '세계사적 현대'에서 살아가고 있다는 것을 보여주기 위해서라도 베트남을 포함한 아시아가 공산주의를 수용할 가능성을 강조할 필요성이 있었다. 이런 과제와 관련해서 호가 주목한 것은 베트남을 포함한 동아시아의 전통문화였다. 호가 1921년 5월에 발표한 「국제공산주의운동·인도차이나」라는 제목의 논문에서 다음과 같이 지적했다.

"공산주의가 유럽보다도 아시아에 보다 쉽게 침투할 수 있는 역사적 조건을 보도록 하자. 아시아인은 유럽인으로부터 '후진적'이라고 경멸당하고 있지만, 현대사회의 전면적인 개혁의 필요성을 누구보다도 잘 이해하고 있다. 그 이유는 다음과 같다. 5천 년 정도 전에 황제黃帝는 정전제를 실시했다. 그는 경작지를 세로 2개, 가로 2개의 선으로 구획했다. 이렇게 하면 경지는 9등분 된다. 밭을 경작하는 사람 각각은 구획된 8면 가운데 각 하나의 면을 받았다. 그리고 그 한가운데의 1면은 모두가 경작하고 생산물은 공익을 위해 사용하도록 했다. 경계선은 물을 끌어들이는 수로가 되었다. …… 위대한 공자는 대동이라는 설을 제창하여 재산의 평등사상을 널리 알렸다. 그는 '대동의 세계가 되면 천하는 태평해질 것이다.', '풍족하지 않음을 근심하지 말고 평등하지 않음을 염려할 뿐', '평등은 빈곤을 없앤다'라고 말했다. 공자의 제자인 맹자는 선생의 사상을 계승하여 생산과 소비를 조직하기 위해 자세한 계획을 세웠다. …… 그는 왕이 던진 어떤 질문에 답하면서, 백성은 귀중하고 사직은 그 다음이라고 하여 군주는 가벼운 존재(저자 주: 백성이 귀중하고, 국가가 그 다음이며, 군주는 보통이라는 의미)라고 솔직히 말했다. 안남의 법률은 사유재산에 관해 모든 토지의 매매를 금지했다. 더욱이 경지의 4분의 1을 강제적으로 공유지로 만들어 3년에 한 번 그 토지를 백성에게 분배했다. 나머지 4분의 3의 토지는 매매할 수 있었기 때문에 일부의 사람이 풍요로워지는 것을 막지는 못했지만 그렇더라도 기타의 다수를 궁핍에서 구할 수 있었다. …… "

레닌주의와의 접촉은 호찌민에게 자신이 유소년 시기에 접했던 동아시아의 전통 가치를 재발견하게 한 것이 아닐까 한다. 이런 인식을 가진 호는 당시 유럽의 공산주의자들 사이에 상식으로 통하던 식민지·후진국의 혁명은 선진국의 혁명에 종속된다는 발상에 대해 비판적인 자세를 취하게 되었다. 호는 여기서 인용한 논문을 "그들(저자 주: 아시아 인민을 가리킴)은 인류를 완전히 해방시키는 임무에서 서양의 형제들을 도와줄 수 있을 것이다."라는 문장으로 매듭지었다.

그런데, 공산당원이 된 호찌민은 프랑스에 있던 식민지 출신자와 함께 1921년 10월에 식민지동맹을 결성하고, 다음 해 1922년 4월부터 기관지로서 《르 파리아》Le Paria라는 신문을 발행하여 식민지주의의 고발과 식민지 해방에 관한 관심의 환기에 노력했다. 그러나 민족의 독립달성과 공산주의 전파의 가능성을 발견한 호의 마음은 그 가능성을 실현하는 쪽으로 점차 기울어 갔다. 호찌민은 1923년 6월 비밀리에 파리를 떠났다. 이때 호는 《르 파리아》에서 함께 활동하고 있던 친구들에게 다음과 같은 말을 남겼다.

> "우리는 식민지제도의 포학이라는 공통의 고통을 받고 있다. 우리는 우리의 동포를 해방시키고 조국의 독립을 획득한다고 하는 하나의 공통의 이상을 위해 투쟁하고 있다. ……우리는 무엇을 해야 할 것인가?……우리는 이 문제를 기계적으로 제기해서는 안 된다. 그것은 우리 각자의 민족이 처한 상황에 달려 있다. 그러나 나의 대답은 명백하다. 귀국하여 대중 속으로 들어가 그들을 각성시키고 그들을 조직화하고 그들을 단결시키고 그들을 훈련해 그들이 자유와 독립을 쟁취할 수 있도록 끌어내는 것이다."

이리하여 호찌민은 조국의 해방투쟁을 위한 조직화를 가슴에 품고 프랑스를 떠났다. 그러나 호는 이미 프랑스 경찰의 엄중한 감시하에 놓여 있어서 프랑스에서 직접 귀국하는 길을 선택하지 않고 세계혁명의 중심지였던 소련으로 갔다. 국제공산주의운동의 투사가 된 호는 소련에서 그때까지 베트남인이 전혀 경험하지 못한 새로운 여행을 떠났다. 그것은 파리 – 모스크바 간 여행이었다. 호는 1923년 6월 30일에 페트로그라드로 들어가 7월 초에는 모스크바에 도착했다.

8. 모스크바 – 광저우 여행

호찌민은 애초 곧 개최가 예정되어 있던 코민테른 제5차 대회에 참가하여 그곳에서 정보를 입수한 후 귀국할 생각이었다. 그러나 호는 레닌의 병으로 인해 대회가 연기되면서 생긴 시간을 활용하여 정력적으로 코민테른의 다양한 활동에 참여했다. 1923년 10월에 개최된 농민인터내셔널 제1차 대회에 참가하고, 그해 말에는 아시아의 혁명가를 양성하기 위해 만들어진 동방근로자공산주의대학에 베트남인으로서 처음으로 입학했다. 호는 1924년 4월 14일에 코민테른동방국의 부원으로 임명되었고 6월에 개최된 코민테른 제5차 대회에 참여했다.

이러한 활동을 하면서도 호찌민의 마음은 베트남에서 어떤 운동을 펼칠 것인지로 향해 있었다. 호가 1923년 9월경 쓴 것으로 생각되는 코민테른 앞으로 보낸 서간에 "(1) 베트남어의 작은 신문을 출판한다. (2) 민족혁명 분자를 규합한다. (3) 토착민 청년을 모스크바에 보내도록 노력한다. (4) 모스크바 – 인도차이나 – 파리로 연결되는 연

1924년 모스크바에서 개최된 평화집회에 참가한 호찌민(오른쪽에서 두 번째)

락로를 형성한다."라고 하는 베트남에서 활동할 수 있는 활동 계획이 제시되어 있었다. 더욱이 1924년 4월 11일 날짜로 코민테른 집행위원회 앞으로 보낸 서간에는 "내가 모스크바에 도착했을 때는 3개월만 이곳에 머문 후 나의 나라와 연락하는 방법을 찾기 위해 중국으로 가는 것이 결정되어 있었다. 이제 곧 나의 체재는 9개월째를 맞이했다. 6개월을 기다렸는데도 나의 여행길은 아직도 결정되지 않고 있다."라고 불만을 토로했다. 그의 중국 여행의 목적은 조사와 연구이며 "(A) 인도차이나와 코민테른 간의 관계를 수립한다. (B) 이 식민지의 정치, 경제, 사회 정세를 코민테른에 보고한다. (C) 그곳에 존재하는 각 조직과 접촉한다. (D) 정보와 선전의 기초를 조직한다."는 것으로 이런 일을 위해 노력하고 싶다는 것이었다.

당시 중국에서는 쑨원이 이끄는 국민당이 소련과 공감을 심화해

갔다. 1923년에는 소련에서 정치고문이 파견되었으며, 중국에서도 모스크바에 사람이 파견되었다. 호도 1923년 10월 모스크바에서 장제스를 만났다. 더욱이 쑨원은 1924년에 '연소·용공·부조농공'의 구호하에 국민당과 공산당의 합작(제1차 국공합작)을 성립시켰다. 이런 상황에서 코민테른에는 중국 관련 상세한 정보가 집중되었고, 그 가운데에 중국국민당 정부의 거점이었던 광저우에 베트남의 민족주의자가 피난해 와 있다는 정보도 있었다. 호찌민은 이러한 정보에 강한 관심을 보였다.

코민테른이 호찌민의 요청에 호응하는 결정을 내린 것은 1924년 9월 25일이었다. 코민테른 집행위원회는 동방국의 비용 부담으로 호를 광저우에 파견하기로 결정했다. 중국국민당 정부에 파견된 보로딘Mikhail Borodin을 단장으로 한 소련 정부 고문의 통역 명목으로 호가 광저우에 도착한 것은 1924년 11월 11일이었다. 호는 곧바로 광저우에 있던 베트남인과 접촉을 개시했다. 호의 여행은 이곳에서 베트남 혁명운동과 직접적인 접점을 발견했다.

9. 동유운동 유산과의 만남

호찌민이 광저우에서 가장 먼저 접촉한 베트남인은 레 홍 선Le Hong Son(응에 안 성 출신, 1899~1932), 호 뚱 머우Ho Tung Mau(응에 안 성 출신, 1896~1951) 등이었다. 이들은 떰 떰 싸Tam Tam Xa, 心心社라는 조직에 참여하고 있던 청년이었다. 이들은 어떤 인물이며 어떤 이유로 광저우에 온 것일까. 이 문제에 답하려면 이야기를 동유운동까지

거슬러 올라가야 한다.

러일전쟁 후 일불조약을 체결한 일본은 프랑스의 식민지지배에 대항하기 위해 일본으로 밀항하여 동유운동에 참가한 베트남인을 국외로 추방했다. 일본에서 쫓겨난 판 보이 쩌우는 1910년에 시암으로 건너갔다. 판 보이 쩌우와 그 일파는 시암 왕족의 원조를 받으면서 농장을 개설하여 반불활동을 하기 위한 무기구입 자금을 변통할 계획을 세웠다. 판 보이 쩌우는 그 후 1911년에 중국에서 신해혁명이 성공하여 중화민국이 수립되자 중국으로 건너가 그곳에서 1912년에 베트남광복회를 결성했다.

광복회는 중국과 시암에 거점을 두고 중국 혁명파의 지원을 받아 반불투쟁을 전개하려 했다. 그러나 중국에서 혁명파가 탄압을 받자 각지에 군벌이 할거하는 상황이 되면서 광복회의 활동은 매우 곤란해졌다. 결국 광복회는 제1차 세계대전 중에 중국과 베트남의 국경 지대와 시암과 프랑스령 인도차이나의 경계 지대에서 산발적인 반불투쟁을 전개하는 데 그쳐 식민지지배를 흔들어 놓을 만한 운동을 조직하지는 못했다. 프랑스가 제1차 세계대전에서 전승국이 됨으로써 프랑스의 인도차이나 지배도 장기화할 가능성이 커지자, 20세기 초의 베트남 민족주의를 대표한 판 보이 쩌우의 운동도 꽉 막혀버린 상태에 빠져 버렸다.

이런 시대에 베트남의 반체제 지식인, 특히 판 보이 쩌우와 호찌민의 고향인 응에 안 성, 하 띤 성 출신의 지식인에게 중요한 의미를 가진 것은 시암을 통한 국외 탈출로의 존재였다. 이 탈출로는 시암의 베트남광복회 활동가의 한 명이었던 당 퉁 화Dang Thung Hua라는 인물의 활동으로 열렸다. 그는 시암에 거주하고 있던 베트남인을 주목했다. 특히, 시암의 동북 지방은 베트남 중부에서 산을 넘어 걸어가더라도 2주 정도면 도착할 수 있기 때문에 옛날부터 베트남 국내에서 억압받던 사람들이 도망해 온 장소였다. 19세기 말의 항불 무장 투쟁의 잔여 세력도 이곳에 와 있었다. 또한 베트남인이 20세기에 들어서자 상인과 노무자로서 라오스에 들어가고 더 나아가 메콩강을 건너 시암의 영토에 들어가서 다양한 일에 종사하고 있었다.

광복회 활동가의 다수는 시암에 거주하는 베트남인을 타향 유랑을 하는 무리로 '큰일'을 도모할 자격이 없는 사람으로 간주하고 그다지 관심을 보이지 않았다. 하지만 당 퉁 화는 이들의 애국심에 주목하여 그들을 교육하는 데 힘을 쏟았다. 그리고 그는 1919년 이래 시암의 동북 지방에 거점을 설치하고 시암 거주 베트남인 자제와 함께 베트남 중부의 응에 안 성과 하 띤 성 등에서 유망한 청년들을 탈출시켜 교육하고, 그 가운데서 우수한 인재를 판 보이 쩌우가 있는 중국으로 보내 정치교육을 시켰다(저자 주: 시암에서 중국으로 가는 길은 보통 방콕에서 화교로 변장해 해로로 남중국으로 가는 루트가 이용되었다).

당시는 판 보이 쩌우에게 반프랑스 투쟁의 명확한 전망이 서 있지 않았지만, 프랑스에 협력하는 것을 떳떳하게 여기지 않고 있던 국내의 반체제 지식인들에게 탈출로는 광명처럼 보였다. 그들은 자신들의 자녀를 탈출로로 보냈다. '출양'이라는 말은 이전에 동유운동에 따라 일본으로 가는 것을 의미했지만, 1920년대가 되면 시암 경유의 탈출로를 이용하든지 혹은 베트남에서 직접 남중국으로 비밀리에 향하는 것을 의미했다.

앞에서 거론한 레 홍 선과 호 뚱 머우는 모두 1919년~1920년에 시암 경유의 '출양'로를 최초로 이용하여 중국으로 간 청년들이었다.

두 사람이 1923년에 다른 5명의 '출양' 청년들과 함께 광저우에서 결성한 것이 떰 떰 싸였다. 떰 떰 싸는 '베트남인이 인간으로서 누려야 할 권리의 회복'을 주창한 결사였지만, 당시에 이미 판 보이 쩌우와 같은 선각자의 생각에 싫증 나 있던 청년들이 자기 자신의 새로운 길을 모색하기 위해 만든 조직의 성격이 강했다. 파리에서 판 쩌우 찐과 호찌민 사이에 균열이 생겼던 것처럼 남중국에서도 판 보이 쩌우와 청년들 사이에도 균열이 생기고 있었다.

떰 떰 싸의 구성원이었던 레 홍 선과 팜 홍 타이Phạm Hong Thai(1896년 출생, 응에 안 성 출신)는 1924년 6월 광저우를 방문한 프랑스의 인도차이나 총독 메를랭M. Merlin 일행에게 폭탄을 던진 사건을 일으켰다. 경찰의 추격을 받던 팜 홍 타이는 투신자살하지만, 레 홍 선은 추격을 피해 중국 국민정부의 황포군관학교에 들어갔다. 이러한 때에 호찌민이 광저우에 도착했던 것이다. 호찌민은 떰 떰 싸의 급진적 민족주의자 청년들을 베트남인 사이에 공산주의적 정치조직을 형성하는 기반으로 삼았다. 호찌민은 1925년 초에 그들을 '공산단'共産團이라는 그룹으로 조직하지만, 호찌민 이외의 구성원 8명 가운데 5명은 시암 경유의 '출양'로를 통해 광저우에 와 있던 응에 안 성 출신의 청년들이었다.

이리하여 호찌민이 걸어온 베트남 – 프랑스 – 모스크바 – 광저우라는 여행은 베트남 – 시암 – 중국이라는 동유운동의 유산이라고 해야 할 여행과 마주쳤다. 동유운동과 판 보이 쩌우가 20세기 초 베트남 민족주의를 대표하는 운동이었다고 한다면, 호찌민에 의한 베트남으로의 공산주의 전파의 첫발은 그때까지의 베트남 민족주의의 본류와 결합하는 형태로 내딛게 되었다.

제3장

호찌민의 민족주의와 국제주의

1930년대의 호찌민

제1차 세계대전 종료 후인 1920년대에서 1930년대에 걸친 시기는 국제주의의 시대라 부를 수 있는 시대였다. 자본주의의 상대적 안정기, 1929년에 시작되는 세계대공황, 이런 가운데 생성된 파시즘과 이에 대한 국제적인 반대운동 등 세계의 정치와 경제가 연계된 사건이 연속적으로 발생했다. 식민지 민족해방운동의 입장에서는 제1차 세계대전의 전승국에 의한 식민지지배가 언뜻 보기에 흔들리지 않을 것처럼 보이던 이 시대에 자신들의 운동이 세계와 연결되어 있다는 국제주의적인 전망 없이는 투쟁의 조직화가 곤란한 시대였다.

이러한 시기에 코민테른은 아시아 민족운동의 일각에 공산주의적 조류를 형성하는 데 성공하고 공산당은 아시아 각국의 정치 무대에서도 중요한 세력으로 등장했다. 그러나 공산주의와 아시아 민족운동의 결합은 다양한 문제를 내포하고 있었다.

호찌민은 1925년 중국의 광저우에서 베트남청년혁명회(청년혁명동지회로도 불림)를 결성하고, 베트남인 사이에 공산주의운동을 형성시키는 작업에 착수했다. 호는 청년혁명회를 기초로 1930년 2월에 베트남공산당을 결성했다. 베트남공산당은 같은 해 10월의 제1차 중앙위원회에서 당명을 인도차이나공산당으로 바꾸었다. 그러나 인도차이나공산당 탄생 후의 1930년대를 통해 호의 베트남인 공산주의운동에서의 지도력은 그다지 선명하지 못했다. 주요한 원인은 호가 1931년에 홍콩에서 영국 당국에 체포되었고 석방된 뒤에도 어쩔 수 없이 소련 생활을 하게 되자, 베트남인의 운동에서 일시적으로 벗어날 수밖에 없었던 데 있었다. 한편으로는 그의 발상이 코민테른의 정통적인 입장과 어긋나 있었기 때문이기도 했다.

호찌민은 베트남인 사이에 공산주의운동을 형성시키는 데에서 일관된 문제의식은 베트남인의 민족주의와 공산주의를 어떻게 결합할 것인가라는 점에 있었다. 공산주의 보다 구체적으로 레닌주의는 호에게 민족주의에 성공의 전망을 부여하는 것임과 동시에, 민족주의가 공산주의를 수용하는 형태로 형성된 베트남인의 공산주의운동은 어디까지나 베트남인의 운동이라는 민족적인 성격을 유지해야 했다.

그러나 코민테른은 1928년의 제6차 대회에서 식민지·종속국의 운동에서도 계급투쟁을 중시하는 방향으로 노선을 전환했다. 이러한 새로운 국제공산주의운동의 정통적인 입장으로 볼 때 문제가 되는 것은 호찌민의 민족주의와 공산주의의 결합이라는 발상이었으며, 이 정통적인 입장이 젊은 베트남인 공산주의자들 사이에서 우위를 차지하게 된 것이 호의 영향력에 그림자를 드리운 근본적인 요인이 되었다.

이번 장에서는 1920년대 후반에서 1930년대에 걸친 베트남인 공산주의운동 가운데서 호찌민의 위치를 민족주의와 국제주의의 각도에서 검토하려 한다.

1. 베트남청년혁명회

호찌민은 앞의 장에서 서술한 공산단을 기초로 하여 1925년 6월 광저우에서 베트남청년혁명회(이하 '청년'으로 표기)를 결성했다. '청년'은 단체의 목적을 "생명, 권리, 사상을 바쳐 민족혁명(프랑스를 쳐부수어 고향을 독립시킨다)을 도모하고 그런 연후에 세계혁명(제국주의를 타도하여 공산주의를 실현한다)을 도모한다."라고 하고, 회원 자격을 베트남인으로 제한했다.

'청년'은 종래의 민족주의에서 찾아볼 수 없었던 특징으로서 세계혁명의 시점을 강조했다. 당시는 프랑스의 식민지지배가 안정되어 영속될 것처럼 보이던 때였다. 그래서 베트남의 민족독립을 내세운 운동도 자신들의 운동이 세계와 연결되어 있다는 확신 없이는 전망이 보이지 않던 시대였다. 이런 시대였기에 레닌주의를 수용하고 세계의 반제국주의 투쟁 속에 베트남의 민족혁명을 자리매김하는 호의 국제주의는 급진적인 민족주의자 사이에서 강한 구심력을 발휘할 수 있었다.

그러나 동시에 '청년'이 베트남인에 의한 베트남의 독립을 목표로 한 이상 매우 민족주의적인 성격을 가진 조직이었다. 이러한 성격은 1925년의 시점에서 코민테른의 입장과 모순되지 않았다. 당시 코민테른은 식민지·종속국의 민족주의에 주목하여 민족주의에 공산주의자가 참가함으로써 혁명운동을 발전시키려 했다. 중국공산당이 부르주아가 지도하는 대중적인 민족주의운동의 전형인 중국국민당에 협력하여 성립된 제1차 국공합작은 당시 코민테른 노선의 대표적인 실험이었다.

그러나 베트남에서는 아직 대중적인 민족주의운동이 존재하지 않았다. 호찌민이 구상한 것은 이러한 운동의 바탕을 만들기 위해 핵심이 되는 공산주의적 경향을 가진 활동가를 급진적인 민족주의자 가운데서 양성하는 것이었다. '청년'은 바로 이러한 목적을 실현하기 위해 결성되었다. 호는 코민테른에 대해 이 조직의 성격을 '인도차이나의 민족적인 당(인도차이나의 국민당)'으로 보고했다.

'청년'은 미묘한 성격을 가진 단체였다. 첫째로 '청년'은 공산당이 분명히 아니었다. 당시는 이미 중국과 인도네시아에 공산당이 존재하고 있었지만, 호찌민은 공산당을 곧바로 결성하는 방법을 택하지 않았다. 그 이유는 호가 베트남의 민족주의운동 가운데 자신을 자리매김하는 편이 초기 단계에선 유리하다고 판단했기 때문이었다. 그러나 둘째로 '청년'은 통상적인 대중단체가 아니라 급진적인 지식 청년에게 공산주의적인 정치훈련을 시키는 특수한 조직이기도 했다. 이 점에서 '청년'은 공산당의 전위 전위조직이자 장래 그 속에서 공산당을 결성하려는 계획된 조직이었다.

2. 《혁명의 길》

당시 호찌민의 혁명론을 체계적으로 보여주는 작품으로 《혁명의 길》Duong Kach Menh이라는 90쪽 남짓의 팸플릿이 있다. 이 작품은 호가 '청년'의 정치훈련교실의 교재로써 집필한 것으로 1927년에 발행되었다. 팸플릿은 다음과 같은 구성으로 쓰여 있다.

- 혁명가의 자격
- 왜 이 책을 쓰게 되었는가?
- 혁명
- 미국혁명의 역사
- 프랑스혁명의 역사
- 러시아혁명의 역사
- 코민테른
- 국제부인
- 노동조합인터내셔널
- 공산주의청년인터내셔널
- 국제구원위원회
- 국제적색구원회
- 노동조합의 조직방법
- 농민의 조직
- 협동조합

　　공산주의 해설서로서 《혁명의 길》의 독특한 점은 이야기가 '혁명가의 자격'이라는 도덕론으로 시작된다는 점이다. 호찌민은 먼저 '자기 자신'이라는 곳에서 "근면, 사심 없이 사람과 화합한다, 자신의 잘못을 단호히 고친다, 신중하면서도 겁내지 않는다, 자주 질문한다, 인내, 자주 연구조사를 한다, 욕심 없는 마음으로 공公에 진력한다, 공명을 구하지 아니하고 교만하지 아니한다, 말한 것을 실천한다, 주의主義를 확고히 지킨다, 희생, 물질적인 이익을 탐하지 않는다, 비밀"의 14가지 덕목을 제시했다. 다음으로 '타인에 대해'라는 곳에서는 "개개인에 대해서는 관용, 단체에 대해서는 엄격, 남을 위해서는 책임을 진다, 솔직하면서도 충동적이지 않는다, 타인을 잘 관찰한다"라는 5개 덕목을, 또한 '일을 성취하기 위해'라는 곳에서는 "상황을 잘 관찰한다, 판단은 견실하게, 용감, 단체에 복종"이라는 4개 항목을 제시했다. 혁명론이 도덕론으로 시작되는 것은 자못 '동양적'이다.

《혁명의 길》의 핵심 가운데 하나는 민족혁명과 세계혁명의 결합이라는 문제였다. 먼저 호찌민은 민족혁명에 대해 "베트남이 프랑스를 몰아내고, 인도가 영국을 몰아내고, 조선이 일본을 몰아내고, 중국이 모든 제국주의 국가를 몰아내어 자국민의 자유와 평등의 권리를 획득한다. 이것이 민족혁명이다."라고 했다. 반면 세계혁명은 "나라와 종족의 구별 없이 세계의 농민과 노동자 모두가 한 집의 형제처럼 서로

《혁명의 길》의 표지

협력하여 세계의 자본주의를 타도하여 모든 나라 모든 인민을 행복하게 하고 천하의 대동을 실현하는 것, 이것이 세계혁명이다."라고 했다. 그리고 호찌민은 양자의 관계를 다음과 같이 설명했다.

> "민족혁명이 아직 계급의 구별을 가리지 않고 요컨대 사·농·공·상이 모두 일치하여 강권에 대항하는 것인데 반해, 세계혁명은 무산계급을 선두로 하여 나아간다는 점에서 두 가지 혁명은 서로 다르다. 그러나 두 가지 혁명은 상호 관련도 있다. 예를 들면 베트남의 민족혁명이 성공하면 프랑스 자본주의가 약체화되고 프랑스 자본주의가 약체화되면 프랑스의 노동자·농민이 계급혁명을 도모하기가 쉬워진다. 그리고 만약 프랑스의 노동자·농민의 혁명이 성공하면 베트남 민족도 자유를 얻을 수 있을 것이다. 따라서 베트남혁명과 프랑스혁명은 상호 연대하지 않으면 안 된다."

이처럼 호찌민은 베트남의 민족혁명에 대한 전망을 프랑스의 노동자·농민의 계급혁명 더 넓게는 세계혁명과의 결합 속에서 찾았다. 이러한 전망은 외국과의 관계에서 말하자면 베트남인의 투쟁에 무기를 제공해 줄 상대를 찾는 것이 중심이 되던 종래의 베트남 민족주의자의 발상에는 없던 것이었다. 다만 호는 당시 유럽의 공산주의자 사이에 아직도 보편적이었던 종주국의 혁명이 성공해야 비로소 식민지·종속국의 해방도 가능하다는 유럽 중심주의적인 발상을 거부하고, 베트남의 민족혁명이 선행하여 프랑스의 계급혁명 전망을 열어줄 가능성을 주장했다. 이 점에서도 호의 주장은 독특했다.

그러나 《혁명의 길》은 코민테른의 노선이 계급투쟁을 중시하는 방향으로 전환한 1930년대 전반에는 정통적 노선을 몸에 익힌 베트남인 공산주의자로부터 '프롤레타리아 계급의 관점을 경시한, 국가주의적 색채가 강한 자료'로 공격을 받았다. 이유는 '먼저 민족혁명을 도모하고, 그런 연후에 세계혁명을 도모한다'라는 주장이 두 가지의 혁명을 기계적으로 구분한 것이어서, 양자의 관련 특히 민족혁명에도 관철되어야 할 계급적 시점이 빠져 있다는 점이었다. 비판자의 논점은 세 가지였다.

첫째는 당면한 민족혁명도 세계혁명의 일환으로서 성취되어야 하며 '먼저 민족혁명을 도모하고, 그런 연후에 세계혁명을 도모한다'라는 것은 잘못이라는 비판이다. 둘째는 민족혁명의 단계에서 노동자계급이 지도권을 장악할 필요가 강조되어야 하는데도, 호는 '사·농·공·상이 모두 일치단결하여' 등의 '비계급적' 관점을 주장한다는 비난이다. 셋째는 민족혁명을 세계혁명의 하나로 자리매김할 때는 피억압민족의 국제적 연대가 강조되어야 하는데도, 호는 베트남혁명밖에 문제 삼지 않는다는 비판이다.

이런 논점 어느 것도 호찌민이 세계혁명의 관점을 가지면서도 베트남의 민족혁명을 세계혁명 속에 완전히 녹여버리지 않은 채 양자의 결합을 제창하는 것에 대한 비판이었다. 호도 혁명의 원동력이 노동자·농민에 있다는 것을 인정하고 있고 《혁명의 길》에도 그것을 반복해서 설명하고 있었지만, 민족혁명 단계에서는 폭넓은 민족적인 단결이 필요하다고 적극적으로 주장한 것이었다. 또한 그가 베트남이라는 틀을 고집한 것은 공산주의와 결합한 후에도 운동은 민족적 성격을 잃어버려서는 안 된다고 적극적으로 주장한 것을 반영한 것으로 봐야 한다.

3. 베트남공산당의 결성

'청년'이 탄생한 1920년대 중반은 프랑스 식민지정권이 설립한 중·고등교육기관에서 배우는 학생 사이에서 본격적인 정치활동이 처음으로 전개된 시기였다. 계기가 된 것은 1924년의 인도차이나총독 암살미수사건, 1925년의 판 보이 쩌우의 체포, 1926년의 판 쩌우 찐의 사망이라는 3가지 사건이었다. 베트남 각지의 학교에서 판 보이 쩌우 석방 요구와 판 쩌우 찐 애도 운동이 전개되었다. 운동의 중심을 담당한 급진적 지식 청년들은 기존의 가치관에 날카로운 비판 정신을 가진 자가 많았고, 이들 청년을 흡수함으로써 '청년' 조직은 급속히 발전했다. 1927년에 300명이었던 '청년'의 회원 수는 1929년에는 1,750명에 달해 국내 조직은 베트남의 북부, 중부, 남부의 각지로 확산하였다.

호찌민은 광저우의 '청년' 훈련교실에 참가한 청년 가운데에서 유능한 인재를 선발하여 동방근로자공산주의대학을 비롯한 소련의 교육기관에 보냈다. 소련에는 프랑스에서 간 베트남인도 있었다. 그 결과 동방근로자공산주의대학에서 배운 베트남인의 수는 '청년'이 결성된 1925년 이후 1930년대에 걸쳐 50명 가까이에 달했다. 기타 레닌국제학교 등 소련 코민테른의 활동가 양성기관에 재적하고 있던 사람을 포함하면 총수는 70명 이상이었다.

이들 가운데는 1930년 10월부터 인도차이나공산당의 초대 서기장이 된 쩐 푸Tran Phu(1904~1942), 1934년에 성립된 인도차이나공산당 해외위원회의 책임자로 1935년의 코민테른 제7차 대회에서 코민테른 후보 집행위원으로 선출된 레 홍 퐁Le Hong Phong(1902~1942), 그

하 노이의 짱 티엔 거리(1924)

리고 1935년의 인도차이나공산당 제1차 대회 이후 서기장을 맡았던 하 후이 떱Ha Huy Tap(1902~1941) 등 베트남의 공산주의운동에서 중요한 역할을 담당하게 되는 인물이 다수 포함되어 있었다.

'청년'의 활동에 큰 영향을 준 것은 중국에서 1927년에 발생한 장 제스의 반공 쿠데타였다. 반공 쿠데타에 의해 중국의 국공합작은 붕괴하고 '청년'의 광저우에서의 활동도 곤란에 빠지게 되면서 호찌민도 같은 해 5월 광저우를 탈출하지 않을 수 없어 모스크바로 돌아갔다. 호가 부재하게 되면서 '청년' 본부의 지도력은 급속히 저하됐다. 또한 이 사건은 코민테른의 노선에도 큰 영향을 미쳤다.

코민테른은 중국에서의 사건을 부르주아의 배반으로 규정했다. 그리고 코민테른은 노선을 왼쪽으로 선회하여 식민지·종주국에서도 계급 대 계급이라는 계급투쟁을 중시하고, 민족 부르주아 등의 민족

개량주의와 자신을 엄격히 구분하여 공산당 결성을 서두르라는 방침을 제기했다. 베트남 국내에서는 1927년에 신월혁명당, 베트남국민당이라는 '청년'과 매우 유사한 성격을 가진 급진적 민족주의자의 정치결사가 탄생했다.

이런 상황에서 베트남 국내의 '청년' 조직 내부에서 코민테른의 새로운 노선과 더욱 밀접히 결합해 신월혁명당 및 베트남국민당과

광저우 소재 '청년'의 훈련교실이 개설되어 있던 건물

의 차이점을 명확히 주장해야 한다는 그룹이 형성되었다. 호찌민이 당시 베트남의 급진적인 지식 청년들에게 매력적이었던 것은 베트남 혁명을 세계혁명과 결합하려는 국제주의적인 주장이었지만, 바로 이러한 국제주의가 이번에는 호의 생각을 넘어 그의 제자들 사이에서 코민테른과 자신들을 직결시키려는 움직임을 만들어 냈다.

'청년' 베트남 북부의 조직은 베트남인 민족주의 색채를 이어받은 '청년'의 한계를 극복하고 계급투쟁을 담당하는 공산당을 즉각 결성해야 한다고 강력히 주장했다. 1929년 5월 '청년'의 제1차 대회가 호찌민 부재인 채로 홍콩에서 개최되었을 때 베트남 북부 대표는 '청년'의 해산과 공산당 즉각 결성을 주장했다. 이 대회는 공산당 결성의 필요를 계속 인정하면서도 아직 조건이 성숙하지 않았다든지, '청년' 대회에서 공산당의 결성 문제를 다루는 것은 적당치 않다는 신중론이 다수를 차지하여 베트남 북부 대표의 주장은 수용되지 않았

다. 그 때문에 공산당 즉시 결성파는 대회를 중도에서 보이콧하고 귀국하여 1929년 6월 하 노이에서 '인도차이나공산당'(1930년 10월 이후 같은 이름의 당과 구별하기 위해 ' '로 표기함)의 수립을 선언했다. 이들이 자신들의 당명에 '인도차이나'를 사용한 것에 주목해야 한다.

여기서 '인도차이나'는 프랑스령 인도차이나를 가리킨다. 베트남은 캄보디아, 라오스와 함께 인도차이나의 틀 속에서 식민지지배하에 놓였다. 이것은 객관적으로 식민지지배에서 이탈을 도모하고 있던 베트남인에게 남방상좌부불교라고 하는 인도문명에 속해있던 캄보디아인과 라오스인은 소원한 존재였고, 또한 만이蠻夷로서 경멸하는 대상이었다. 프랑스가 캄보디아와 라오스를 식민지통치하기 위해 베트남인을 관리와 상인 그리고 노동자로서 활용했기 때문에 베트남인의 활동 범위는 인도차이나 전역으로 확대되었지만, 베트남인의 정치운동에 있어 캄보디아인이나 라오스인 간의 연대의식은 희박했다. 베트남청년혁명회, 신월혁명당, 베트남국민당 등 1920년대 후반에 형성된 급진적 결사도 각 명칭이 보여주고 있듯이 베트남인에 의한 베트남의 독립을 위한 조직이라는 발상을 극복하지는 못했다.

'인도차이나공산당' 그룹을 결성한 젊은 급진 분자가 주목한 것은 바로 이 점이었다. 그들은 캄보디아와 라오스를 포함한 인도차이나의 틀을 내세움으로써 자신들이 그때까지의 베트남인 민족주의의 한계를 극복한 진정한 국제주의자라는 것을 보여주려 했다. '인도차이나공산당' 그룹은 이 같은 발상에서 '청년'과 신월혁명당을 '계급적 관점이 없다'라고 비난하고 타도를 부르짖었다. 이 같은 '인도차이나공산당' 그룹의 움직임에 대항하여 '청년' 본부와 베트남 남부에서 공산당 결성에 찬성하고 있던 사람들은 안남공산당이라는 그룹을,

또 신월혁명당의 급진 분자는 인도차이나공산주의자동맹 그룹을 조직하여 각각이 영향력을 서로 겨루는 상황이 발생했다.

당시 세계 각국의 공산당은 모두 세계공산당인 코민테른의 각국 지부로서 존재했다. 따라서 정식 공산당이 되려면 코민테른의 인정이 결정적인 의미를 지니고 있었다. 코민테른은 베트남인 사이에서 공산당 결성의 기운이 고조되고 있는 것을 환영했지만, 공산당의 이름을 대는 조직이 난립하여 서로 경쟁하는 사태를 우려하여 1929년 10월 17일 날짜의 집행위원회의 서간으로 '인도차이나에 있어 단일공산당'의 결성을 강력하게 지시했다.

당시의 코민테른은 공산당을 조직할 때 기존의 국가, 식민지에서는 지배의 틀에 따라 일국일당 원칙으로 공산당을 조직하는 방침을 세우고 있었다. 이러한 원칙과 함께 중요했던 것은 거류국주의였다. 거류국주의는 외국인이라 하더라도 공산주의자는 자신이 거류하고 있는 나라의 공산당에 소속된다는 원칙이었다. 예를 들면 일본에 거주하는 조선인 공산주의자도 일본공산당의 당원으로서 일본혁명을 위해 활동하라고 요구하는 조직원리였다. 당시의 코민테른은 각 공산당의 민족 구성에는 관심을 보이지 않은 채 당원의 민족 구성과 상관없이 해당 국가를 지배하는 국가권력과 대결하면서 국제적인 반제국주의 투쟁에 봉사할 것을 기대하고 있었다.

이처럼 코민테른이 생각하고 있던 공산당은 대결해야 할 국가권력이 지배하는 지역을 담당하고 당원의 민족 구성과 무관하게 투쟁하는 '지역공산당'이라고 불러야 했다. 이러한 발상에서 본다면 프랑스령 인도차이나에 존재해야 할 공산당은 당원의 대부분이 베트남인이라는 것과 상관없이 인도차이나공산당 밖에 존재할 수 없었다.

한편, 1927년 5월에 광저우를 탈출한 호찌민은 소련, 유럽을 거쳐 1928년 7월까지는 시암으로 건너가 그곳의 베트남청년혁명회의 사람들과 함께 활동했다. 이것은 어디까지나 베트남에 인접한 베트남인 혁명운동의 재외 거점에서 활동을 원했던 호의 염원이 이뤄진 것이었다. 남중국에서의 활동이 국공합작의 붕괴로 곤란해진 시점에서 시암이 선택된 것은 그곳이 앞에서 서술한 것처럼 베트남인 정치활동의 재외 거점으로서 기능하고 있었다는 것을 생각하면 매우 당연한 선택이었다. 호는 코민테른에서 '인도차이나에서 활동하라'는 지령을 받았다.

호는 시암으로 갔기 때문에 1928년 7월부터 9월에 걸쳐 개최된 코민테른 제6차 대회에 참가하지 못해, 노선의 좌선회에 충분한 이해를 할 수 있는 환경에 있지 못했다. 시암에 있던 호에게 홍콩의 '청년' 본부 관계자로부터 베트남인의 청년 공산주의자의 조직 분립을 우려하는 소식이 전달되었다. 호는 이러한 사태를 해결하기 위해 1929년 11월에 시암을 떠나 홍콩으로 갔다.

호찌민은 홍콩에서 1930년 2월 3일부터 7일까지(1월이라는 설도 있다), '인도차이나공산당' 그룹, 안남공산당 그룹, 인도차이나공산주의자동맹 그룹의 대표를 소집하여(인도차이나공산주의자동맹 그룹은 늦게 도착하여 회의에 참여할 수 없었다) 세 그룹의 통일을 도모했다. 그 결과 탄생한 것이 베트남공산당이었다. 현재의 베트남공산당은 홍콩에서 통일회의가 소집된 2월 3일을 당의 창립기념일로 하고 있다.

호찌민은 통일회의를 '코민테른 대표'의 자격으로 소집했다. 호가 1929년 10월 코민테른 집행위원회의 '인도차이나에 있어 단일의 공산당' 결성을 지시한 서간을 수취했는지 어떤지, 또한 코민테른이 각 그룹의 통일된 임무를 정식으로 제기했는지는 현재로선 분명하지 않다. '인도차이나공산당' 그룹을 대표하여 회의에 참여한 찐 딘 꾸우 Trinh Dinh Cuu는 호에게 "코민테른의 소개장을 가지고 있는가?"라고 질문을 던졌다. 호는 이 질문에 대해 "그런 것을 휴대하고 있다면 여기에 올 수 없었을 것이다."라고 답했다. 1929년 11월에 프랑스 식민지정권의 재판소는 궐석재판으로 호를 사형에 선고했으며 프랑스의 요청을 수용하여 영국 등 제국주의 국가들의 경찰은 호를 지명수배자로 추적하고 있었다.

그리고 호찌민은 '코민테른의 명령에 복종하여' 회의를 소집했다고 모두에서 설명하면서 회의를 시작했다고 한다. 호는 이미 개인의 권위만으로는 제자들 간의 대립을 해소하는 것은 곤란하다고 판단했던 것 같다. 확실한 것은 코민테른의 권위에 의해 통일을 제기하지 않는 한 각 그룹의 통일을 실현하는 것은 불가능하다는 호의 판단은 매우 정확했다. 그때까지 치열한 대립을 계속해 온 세 그룹은 호가 제기한 통일에 동의하면서 분열의 고착화는 피했다.

그러나 통일회의에서 결정된 내용은 당시의 코민테른의 정책과 상당히 거리가 멀었다. 하나는 베트남공산당이라는 당명이다. 호는 코민테른의 활동가로서 코민테른이 요구하고 있던 공산당은 인도차이나공산당이라는 것을 숙지하고 있었을 것이다. 그런데도 호가 왜 오히려 베트남공산당이라는 명칭을 선택한 것일까? 이 문제에 대해 지금까지 제기된 해석은 세 가지가 있다.

첫째는 회의에 참여한 '인도차이나공산당' 그룹과 안남공산당 그룹의 대결을 해결하기 위해서는 양당의 이름 가운데 하나를 채택하는 것이 곤란해 이른바 제3의 명칭으로서 베트남을 선택했다는 해석이다. 둘째는 당시의 베트남인 사이에 이미 세계 지도상에서 사라진 베트남과 현재 식민지지배의 틀로서 현존하는 인도차이나를 동일시하거나 치환 가능한 말로 사용하는 경향이 있었다는 해석이다. 호도 통일회의 후 코민테른 앞으로 보낸 문서 가운데 '베트남(인도차이나)공산당'이라는 표현을 사용하고 있어 베트남과 인도차이나를 달리 보는 것은 그 후 세대의 발상이라는 견해이다. 셋째는 역시 베트남공산당으로 명명한 것은 인도차이나공산당과 다른 호 독자의 공산당에 대한 사고방식이 반영되어 있다는 견해이다.

필자는 통일회의 이전에 이미 베트남인 공산주의자 사이에 자신들 혁명운동의 틀로서 인도차이나를 채택해야 할 것인지, 베트남이라는 틀에 집착할 것인지를 두고 대립이 발생하고 있었다는 점을 중시하고 있다. 이러한 경과에서 보면 베트남이라는 당명의 채택을 통일을 위한 전술적 편법이라든지 인도차이나와 같은 의미였다고 해석하기에는 무리가 있는 것 같다.

호찌민은 통일회의 후 코민테른에 보낸 당 창립의 《호소》라는 문서에 베트남공산당의 운동 목표의 하나로 '안남의 독립'이라는 표현을 사용했다. 이 표현은 '베트남의 독립'이라는 뜻이지만 베트남이라는 말이 인도차이나와 같은 의미로 사용된 적이 있었던 데 비해, '안남'이라고 하면 그것이 '잃어버린 베트남'을 가리키는 것이 분명하며, '인도차이나의 독립'과 혼동될 여지가 없는 말이다. 호는 베트남인의 공산당은 무엇보다 베트남의 독립을 위해 투쟁해야 한다는 생각을 통일회의 시점에서도 견지하고 있었고, '인도차이나의 독립'을 목표로 한 인도차이나 혁명론과는 선을 긋고 있었다.

호찌민은 이런 점에서 공산당 본연의 모습을 당원의 민족적 구성과 민족적 염원과 연계하여 생각하는 '민족공산당'적 발상을 하고 있었다. 필자는 호가 공산당에도 민족적 성격이 존재한다고 여기고 베트남공산당이라는 명칭을 선택했다고 생각하고 있다. 한편으로 호는 베트남이라는 명칭이 당시 세계에서는 거의 알려지지 않은 개념이라는 것도 잘 이해하고 있었을 것이다. 코민테른에 '베트남(인도차이나)공산당'으로 설명한 것은 이러한 판단에서 나온 표현이었을 것이다.

통일회의의 두 번째 문제는 공산당의 각 계급에 대한 태도이다. 통일회의에서 채택된 문서에는 "당은 프티 부르주아지, 지식인, 중농, '청년', 신월 등과 가능한 한 연대하여 그들을 프롤레타리아 계급 측으로 끌어들이지 않으면 안 된다. 부농, 중소 지주, 안남 자본가에 대해서는 그들이 반혁명의 면모를 공공연히 표출하지 않는 한 이용하고 적어도 그들을 중립화하지 않으면 안 된다. 반혁명의 입장을 드러내놓고 표출하는 부분은 타도하지 않으면 안 된다."라는 한 구절이 있다. 여기서는 조건부이기는 하지만 중소 지주나 자본가도 통일전선에 가담시켜야 할 대상이었다. 통일회의에서 타도의 대상이 된 것은 프랑스 제국주의와 결탁한 대지주뿐이었다. 이것은 지주계급 일반을 타도의 대상으로 하고 부르주아에 대해서도 그 한계를 중시하고 있던 당시 코민테른의 계급투쟁 지상주의 노선과 상당히 거리가 먼 발상이었다. 이 점도 호찌민의 생각을 명확히 반영한 것이었다.

세 번째의 문제는 '인도차이나공산당', 안남공산당, 인도차이나공산주의자동맹의 세 그룹을 합동하여 베트남공산당으로 했다는 문제이다. 공산당 조직은 항상 위에서 아래로 향해 조직되어야 하는 결사이며 당원은 상부 기관이 설정한 기준을 충족시키는 '진정 분자'만을 입당시키게 되어 있었다. 이런 발상에서 볼 때 세 개의 자칭 공산당 그룹을 하나로 합쳐 통합해 버리고 개개의 당원 심사를 하지 않는 방법은 매우 이례적이었다. 그러나 세 그룹의 통일을 달성하기 위해서는 이것이 유일한 방법이며 '진정 분자'의 선발이라는 방법을 채택하면 베트남인의 공산주의자 운동은 출발부터 큰 혼란에 빠졌을 것이다. 이 방법은 호가 세 그룹의 통일이라는 당면의 제일 중요한 과제를 달성하기 위해서는 기타의 문제에 관해서는 한없이 유연하게 대응한 전형적인 예이며 자못 호다운 조치였다.

4. 쩐 푸와 호찌민

호찌민이 베트남공산당을 결성한 제6차 대회 이후의 코민테른의 방침을 숙지한 베트남인 공산주의자가 모스크바에서 돌아왔다. 그가 바로 쩐 푸였다. 쩐 푸는 하 띤 성 출신 관리의 자식으로 1904년에 태어나 호와 같은 후에의 국가학당을 졸업한 후, 1922년부터 응에 안 성의 성도인 빈에서 학교 교사가 되었다. 그는 이곳에서 친구들과 함께 1925년 복월회라는 급진적 민족주의자 단체를 결성했다. 쩐 푸는 이 단체에서 '청년' 본부로 파견되었으며 1926년 8월 광저우에서 호를 만나 '청년'의 정치훈련 교실에 참가했다. 호는 이듬해 1927년에 쩐 푸를 모스크바의 동방근로자공산주의대학에 보냈다.

쩐 푸

쩐 푸는 이곳에서 두각을 나타내 인도차이나 출신 학생 그룹의 지도자가 되었다. 그는

1929년 10월 코민테른동방국 간부회의 회의에도 참여했는데, 이 회의는 인도차이나 공산주의운동에 관한 코민테른 집행위원회의 서간 원안을 토의했다. 그는 서간을 휴대하고 1930년 4월 홍콩으로 되돌아왔다. 이러한 쩐 푸와 호찌민 간의 반목을 비롯한 1930년대 베트남인 공산주의자 간의 내부투쟁에 관해서는 모스크바에서 최근 열람이 가능해진 코민테른 자료를 이용한 구리하라 히로히데의 정력적인 연구가 있으므로, 그의 연구에 따르면서 논의를 진행하고자 한다.

쩐 푸는 호찌민의 베트남공산당 결성이 당시 코민테른의 노선을 크게 일탈했다고 판단하고, 베트남공산당을 자신의 주도하에 코민테른의 노선에 충실한 당으로 변혁시키려 했다. 그가 주재한 것이 홍콩에서 1930년 10월에 개최된 제1차 중앙위원회였다. 이 회의에 호가 참석했는지는 베트남의 당사 연구자 사이에서도 논쟁이 있지만 현재로선 참가하지 않았다는 설이 유력하다. 어떻든 명확한 것은 제1차 중앙위원회에서 쩐 푸가 서기장으로 선출되어 당의 지도권을 장악했다는 점이다.

제1차 중앙위원회는 먼저 당명을 베트남공산당에서 인도차이나공산당으로 바꾸는 것을 결정했다. 인도차이나공산당은 그 이유를 다음과 같이 해설했다.

"이전 국내의 각 그룹이 합동하여 베트남공산당이라는 당을 수립했다. 앞으로 그 명칭을 인도차이나공산당으로 바꾼다. 왜? 베트남, 캄보디아, 라오스의 세 지역은 보통 세 나라로 불리고 있지만 실은 하나의 지역을 형성하고 있는데 지나지 않는다. 경제면에서 밀접히 연결되어 있고 상호관계를 맺고 있다. 정치면에서 모두 프랑스의 통치와 억압을 받고 있다. 세 지역의 프롤레타리아와 모든 피억압 빈궁 대중은 제국주의를 타도하여 독립을 쟁취하고 왕조와 지주를 타도하여 자신의 해방을 염원하고 있지만, 그것은 개별의 분산된 투쟁으로는 실현할 수 없다. 따라서 프롤레타리아의 전위이며 모든 민중을 지도해 혁명을 실행하는 공산당도 베트남 한 지역 혹은 캄보디아, 라오스 한 지역의 것일 수는 없다. 통일되고 집중된 적의 세력에 대항하기 위해서는 인도차이나 전역의 프롤레타리아 세력을 결집한 단일 공산당이 필요하다."

제1차 중앙위원회는 혁명운동의 출발점을 베트남인의 민족적 염원보다도 인도차이나가 단일의 식민지지배하에 있다는 현실에 둘 것을 명시한 것이다. 따라서 베트남공산당과 달리 인도차이나공산당이 당면 목표로 한 것은 인도차이나 틀 속에서의 제국주의 타도이며, 쟁취해야 할 독립도 베트남의 독립이 아니라 인도차이나의 독립이었다.

당시 베트남공산당에는 중국에서 베트남으로 피난 온 중국인 공산주의자가 포함되어 있었지만, 그들을 제외한 대부분은 베트남인 당원이었다. 캄보디아인과 라오스인 가운데는 아직 공산주의자가 출현하지 않았다. 그래서 인도차이나공산당의 탄생은 당원의 민족 구성에 구애되지 않고 인도차이나 지역을 지배하는 프랑스와 싸우는 것을 임무로 하는 바로 '지역공산당'의 탄생이었다.

다음으로 제1차 중앙위원회는 코민테른 제6차 대회에서 채택된 '식민지·반식민지 제국에 있어 혁명운동에 관한 테제'에 매우 충실한 내용의 쩐 푸가 기초한 '인도차이나공산당 정치강령 초안'을 결정했다. 이 초안은 2월의 통일회의에서 채택된 호찌민 기초의 문서와 비교하면 훨씬 체계적인 혁명론을 전개한 문서였지만, 토지몰수의 대상을 대주주에서 모든 지주로 확대하고 통일회의의 문헌에서 볼 수 있는 계급 간 협력의 발상을 부정하는 등 통일회의가 제기한 혁명론과 다른 면이 있었다. 한마디로 말하면 제1차 중앙위원회는 통일회의가 반제국주의의 과제만을 중시하고 계급투쟁을 경시했다며 통일회의의 혁명론을 비판했다. 또한 제1차 중앙위원회에선 통일회의가 모든 그룹의 통일만을 중시하고 진정한 공산주의 분자를 선별하는 과제를 경시했다고 비판했다.

이러한 제1차 중앙위원회의 내용 및 쩐 푸 지도부의 성립은 분명히 호찌민의 지도력에 대한 도전이었다. 제1차 중앙위원회는 통일회의의 모든 문헌에 대해 무효선언을 하고, 회의 종료 후인 1930년 12월 9일 인도차이나공산당중앙은 "통일회의를 주재한 동지(저자 주: 호를 말함)는 재작년 코민테른에서 파견되어 상황에 따라 활동하고 있었으며 어떤 명확한 계획도 가지고 있지 않았다. 동지는 현지에 도착하자마자 신흥의 공산주의운동이 분열하고 있는 것을 보고 마음대로 행동했기 때문에 코민테른의 계획에 부적합한 여러 잘못을 범했다. 통일회의는 그 결과였다."라고 호를 드러내놓고 비판하는 서간을 각급 당 조직에 보냈다.

더욱이 쩐 푸 지도부는 호찌민 권위의 원천이었던 코민테른동방국 부원으로서 코민테른과 인도차이나 간의 연락 임무를 호가 담당하고 있던 것에도 도전했다. 1931년 3월 사이 공에서 개최된 제2차 중앙위원회는 코민테른에 서간과 지시를 호를 거치지 않고 직접 전달하였으며, 호의 임무는 단순 전달원으로 한정할 것을 결정하고 그 뜻을 코민테른에 제안했다.

무엇보다도 이상의 쩐 푸 지도부의 움직임은 코민테른의 직접적인 지시에 의한 것이 아니라 쩐 푸 등의 자주적인 판단에 의한 것이었다. 그래서 코민테른은 쩐 푸 지도부의 요구에 대해 신중한 자세를 취하고 호찌민에 대한 공격도 운동의 모든 책임을 호 개인에 덮어씌우는 것은 좋지 않다며, 쩐 푸 지도부를 타일러 호의 지위를 변경하지는 않았다.

코민테른의 이러한 호 옹호는 쩐 푸 지도부 쪽이 노선상 코민테른에 충실했다는 것을 생각하면 약간 의외의 결과이다. 코민테른의 이러한 태도에는 호가 장기간에 걸쳐 코민테른 활동에서 길러진 지도부와의 신뢰 관계의 요소 이외에, 1931년 봄까지 호가 통일회의 시점에서 가진 생각을 변경했다는 요소도 작용한 것 같다.

호찌민이 자신의 견해를 변경한 사실을 명시해주는 자료는 1931년 4월 20일 날짜로 인도차이나공산당중앙위원회 앞으로 보낸 서간이다. 호는 서간에서 베트남 중부의 당 조직이 캄보디아와 라오스에서 당 조직이 결성되는 것을 기다려 당명을 인도차이나공산당으로 변경해야 한다는 논의를 비판하고, "이것은 중부의 모든 동지가 당은 인도차이나의 모든 프롤레타리아를 포함하지 않으면 안 되며, 당의 임무는 라오스와 캄보디아에 당 조직을 건설하는 것이라고 한 코민테른의 지시를 이해하지 못하고 있음을 보여주고 있다."라고 지적했다. 서간은 통일회의에서 베트남공산당을 결성한 시점에서 호가 가졌던 생각과 다른 논리이며, 그가 코민테른과 제1차 중앙위원회의 생각에 보조를 맞추게 된 것을 보여주는 자료이다.

호찌민은 같은 해 4월 23일 자의 인도차이나공산당중앙위원회 앞으로 보낸 서간에서, 인도차이나공산당중앙위원회가 자신에게 운동과 관련한 상세한 보고를 하지 않아 자신의 역할이 코민테른동방국과 인도차이나공산당중앙위원회 간의 연락을 중개하는 우체통에 불과하다고 불만을 표명했지만, 호가 제1차 중앙위원회의 정치노선을 비판한 자료는 존재하지 않는다.

호찌민은 1931년 4월에 이르러 통일회의 시점에서 자신이 가지고 있던 생각을 포기했다. 필자는 당시 호에 관한 상세한 정보를 파악할 수 있는 처지에 있던 한 베트남인 원로 공산당원으로부터 지난해 통일회의 후 코민테른의 새로운 노선을 상세하게 인지한 호가 자기 생각을 비판한 적이 있다는 증언을 들은 적이 있다. 이것을 입증할만한 자료는 존재하지 않는다. 하지만 베트남에서 나온 연구에 의하면 통일회의 시점에서 호가 가진 생각과 코민테른 노선 간의 차이를 언급하면서 호가 코민테른의 '철의 규율'을 잘 이해하고 있었다고 지적한 후, 호가 암암리에 자기비판을 했다는 것을 시사했다. 그래서 필자는 호가 자기비판을 했을 가능성은 크다고 생각한다.

어찌 되었든 간에 호찌민은 제자들의 도전을 계속 받으면서도 코민테른에서 차지하고 있던 그의 지위를 상실할 위기를 모면할 수 있었다. 여기에서 국제주의자로서 호가 가진 한계를 발견할 수 있겠지만, 만약 호가 이 시점에서 자신의 신념을 관철하려 했다면 국제공산주의운동에 있어 그의 정치 생명은 끝나버렸을 것이다. 호는 베트남인 공산주의운동과 관계하는 데 곤란한 처지에 있던 1931년 6월 6일 홍콩에서 '소련의 앞잡이로 홍콩에서 파괴 활동을 하고 있다'라는 이유로 영국 관헌에 체포되었다.

5. 1930년대 소련에서의 호찌민

호찌민은 국제적인 석방운동의 덕택으로 증거가 불충분하다는 이유로 1932년 후반 홍콩의 감옥에서 출소할 수 있었다. 그 후 호는 중국으로 건너가 프랑스 관헌의 추격에서 벗어나기 위해 소련으로 가게 되었고, 1934년 봄 모스크바에 도착했다. 호는 잠시 요양한 후 실천 활동에서 벗어나 레닌국제학교(1934~1935)와 민족식민지문제연구소(1936~1938)에서 학습 생활을 보냈다.

한편, 베트남에서 탄생한 지 얼마 되지 않은 공산당이 지도한 '응에 띤 소비에트운동'을 정점으로 하는 대중운동이 고양되자 프랑스 식민지정권은 혹독한 탄압을 가했다. 전 푸가 1931년 4월 19일 사이공에서 체포된 것을 비롯해 같은 해 전반까지 인도차이나공산당의 국내조직은 거의 괴멸 상태에 빠져 버렸다. 코민테른은 이런 상황에서 소련에서 양성된 베트남인 공산주의자를 인도차이나 혹은 그 인접지역으로 되돌려 보내 당을 재건하려 했다. 이러한 재건공작 가운데서 주류의 입장을 차지한 것은 1934년 3월 마카오에서 성립된 레 홍 퐁, 하 후이 떱 등의 동방근로자공산주의대학 출신자로 구성된 인도차이나공산당 해외위원회였다.

레 홍 퐁은 1902년 응에 안 성에서 태어나 성도 빈의 성냥공장 노동자로 일할 때 팜 홍 타이와 알게 되었다. 그는 1924년에 시암 경유로 '출양'하여 광저우로 가서 떰 떰 싸에 가담하고, 호를 만나 '청년'의 결성에 참여한 인물이었다. 그 후 그는 1927년에 소련으로 파견되어 먼저 비행

레 홍 퐁

사양성학교에서 비행기의 조종을 배운 후 동방근로자공산주의대학에서 학습했다. 그리고 1931년 남중국으로 돌아가 인도차이나공산당의 재건공작 활동을 폈다.

하 후이 떱은 1902년 하 띤 성의 유학자의 자식으로 태어나 후에의 국가학당을 졸업한 후, 응에 안에서 학교 교사로 근무하고 1925년에 쩐 푸와 같이 복월회에 참가했다. 그 후 복월회가 신월혁명당이 된 1928년에 이 당과 '청년'의 결합을 논의하기 위해 홍콩으로 갔으며, 그곳에서 '청년' 본부의 소개로 소련으로 향했다. 1929년부터 2년간 동방근로자공산주의대학에서 배웠다. 그는 1932년 초 코민테른 동방국에서 '인도차이나공산당행동강령'의 작성에 참여하고 동방노동자근로자대학의 인도차이나 그룹의 논객으로서 두각을 나타냈다. 그리고 1934년 초 레 홍 퐁의 당 재건공작을 지원하기 위해 마카오로 돌아왔다.

인도차이나공산당의 재건대회가 되는 제1차 대회 소집의 목표가 설정된 1934년 말, 해외위원회의 책임자인 레 홍 퐁은 코민테른 제7차 대회에 참가하기 위해 모스크바로 여행을 떠났다. 그래서 1935년 3월에 소집된 제1차 당대회는 하 후이 떱 중심으로 개최됐다. 당 대회가 호찌민에 가한 취급은 혹독했다. 그것을 상징하는 것은 대회 종료 직후인 3월 31일 날짜로 인도차이나공산당 해외위원회가 코민테른에 보낸 서간 가운데 다음과 같은 한 구절이다.

"인도차이나에 있어 모든 공산주의 조직은 청년혁명회와 응우옌 아이 꾸옥 동지(저자 주: 호찌민을 말함)의 유심론적 개량주의가 뒤섞인 국가주의 이데올로기의 잔재와 공공연하게 투쟁해

왔다. 이런 잔재는 매우 강력해 공산주의 발전에 매우 중대한 방해물이 되고 있다. 꾸옥과 '청년'의 낡은 이론, 기회주의에 가차 없이 투쟁할 필요가 있다. …… 우리는 린 동지(저자 주: 당시 호의 필명)가 자기 자신과 과거의 결점을 비판하는 소책자를 쓸 것을 제안한다."

하 후이 떱은 호찌민과 만난 경험이 없었던 만큼 다른 활동가보다 호를 기탄없이 비판할 수 있었을지 모른다. 인도차이나공산당의 제1차 대회가 이러한 발상으로 당중앙위원을 선출할 때 호에게 부여된 지위는 대회에서 선출된 13명의 중앙위원·중앙위원후보 가운데 서열이 가장 낮은 중앙위원후보였다. 대회가 고려한 호의 임무는 인도차이나공산당의 코민테른 주재대표였는데, 이 직책은 실질적으로 문헌번역원에 지나지 않았다.

호에 대한 이런 냉대에 반대한 인물은 1931년부터 1938년까지 동방근로자공산주의대학과 코민테른 집행위원회에서 근무하고, 당시는 동방국에서 인도차이나를 담당하고 있던 바실리에바V.Ya.Vasilieva였다. 바실리에바는 호에 대해 혁명가로서 조직력을 갖추고 있었고 베트남인 활동가 가운데서 그가 가지고 있던 위신을 높게 평가했다. 그래서 그는 인도차이나공산당이 호를 '코민테른 주재대표'로 하자고 제안하자, "향후 2년, 그(저자 주: 호)는 진지하게 학습에만 집중해야 해서 다른 일을 할 여유가 없다. 학습 후, 우리는 그를 어떤

홍콩에서 소련에 막 도착했을 당시의 호찌민(1934)

용도로 사용할 것인지 특별한 계획이 있다."라고 하면서 거절했다. '특별한 계획'은 예전 '청년' 시대에 호가 광저우에서 열었던 합법적 간부양성학교를 중국에 설치하여 조직과 운영을 호에게 맡기는 것이었다.

하지만 코민테른이 전체적으로 호찌민을 옹호하고 있었던 것은 아니었다. 인도차이나공산당 제1차 대회는 자신들의 당을 대표하여 코민테른 제7차 대회에 참가할 대표단의 명부에 호를 포함했지만, 호에게는 참관인의 자격밖에 부여하지 않았다. 코민테른 제7차 대회에서 인도차이나공산당을 대표한 인물은 레 홍 퐁으로 그는 대회에서 코민테른 집행위원후보로 선출되었다.

코민테른 제7차 대회는 제6차 대회 이후의 좌경노선을 변경하고 반파시즘 통일전선을 제창했다. 국제공산주의운동은 다시 민족적 계기를 중시하는 노선으로 전환했다. 그러나 호찌민에게 곧바로 활약할 자리는 부여되지 않았다. 제7차 대회 직후인 1935년 9월, 호는 '한시라도 빨리 나의 조국으로 돌아가고 싶다'라는 마음을 털어놓았다. 이듬해 1936년 여름, 호는 프랑스를 거쳐 인도차이나로 돌아올 계획을 세워, 한때는 코민테른 조직부의 동의를 얻었던 것 같다. 그해 5월 프랑스 총선거에서 인민전선이 승리를 거두고 6월에는 인민전선 내각이 성립됐다. 이처럼 본국에서 좌파정권이 성립하자 식민지에 있어 정치활동에 대한 규제도 약간 완화되었는데, 호는 이 기회를 이용하여 귀국하려 했을는지 모른다. 그러나 이 계획이 도중에 좌절되자 호는 민족식민지문제연구소에서 연구생활을 보냈다.

당시 인도차이나에선 본국에서 인민전선 정부가 성립된 것에 호응해 대중운동이 고조되었다. 인도차이나공산당도 중앙위원회의 거

106

점을 사이 공으로 옮겨 활동을 강화했지만, 공산당 내부에선 코민테른 제7차 대회의 광범한 통일전선정책을 가지고 귀국한 레 홍 퐁과 제1차 대회 이후 당의 지도권을 장악하고 있던 하 후이 떺 서기장 간에 노선 논쟁이 격렬하게 전개되었다. 이러한 사태는 1938년 3월 당중앙위원회에서 하 후이 떺의 서기장 해임으로 귀착되었다.

한편 소련에선 코민테른 제7차 대회 이후도 스탈린의 숙청이 더욱 격렬하게 전개되었다. 호가 이러한 1930년대 소련에서 어떤 활동을 했는지에 대해서는 아직 모르는 것이 많다. 향후 코민테른 관계 자료의 연구가 진행되면 새로운 사실이 발견될 여지가 많으며 종래의 호찌민상像을 완전히 바꿀만한 자료가 나올 가능성도 부정할 수 없다. 그러나 현재까지 파악하고 있는 범위 내에서 보면, 호가 이 시기 실천과는 거리를 두고 학습에 전념한 것은, 그가 국제공산주의운동과 인도차이나공산당 내부의 항쟁에 휘말리지 않았다는 점에 긍정적인 의미를 부여해도 좋을 것이다.

제4장

정치 지도자 호찌민

1940년대의 호찌민

제2차 세계대전의 개시는 그때까지 언뜻 보기에 안정되어있는 것처럼 보이던 열강의 식민지지배를 한꺼번에 위기에 빠뜨렸다. 프랑스의 인도차이나 지배도 예외는 아니었다. 독일군이 1940년 6월 전격작전을 펼쳐 프랑스 본국을 항복시켰다. 일본은 프랑스가 어려움에 빠진 틈을 노려 군대의 인도차이나 주둔을 인정받아 1940년 9월에는 북부에(북부불인진주), 1941년 7월에는 남부에(남부불인진주) 각각 일본군이 진주했다. 인도차이나의 프랑스 식민지정권은 프랑스 본국에 수립된 친 독일 비시 정권의 관할하에 들어갔지만, 본국과 사실상 단절된 상황에서 일본을 자극하지 않으면서 그럭저럭 식민지지배를 유지하려 했다.

이러한 인도차이나에 있어 일본·프랑스의 공동지배는 태평양전쟁 개전 후에도 계속되었지만, 일본은 1945년 3월 9일 연합군의 인도차이나 상륙이 반드시 이뤄질 것으로 판단하고, 프랑스 식민지정권의 군대가 연합군과 호응하여 일본에 대항할 가능성을 미리 방지하기 위해 마침내 쿠데타를 일으켜 프랑스 식민지정권을 몰아냈다

(불인처리). 일본은 쿠데타 후 응우옌왕조의 바오 다이Bao Dai, 保大 황제에게 '독립'을 선언하게 했지만, 실질적으로는 인도차이나를 단독 지배하에 두었다.

그러나 일본도 1945년 8월 15일에 연합국에 항복했다. 호찌민은 이런 기회를 틈타 전국 봉기를 호소하여 같은 해 9월 2일 베트남민주공화국의 독립을 선언했다. 식민지지배 회복을 목표로 한 프랑스와 베트남민주공화국을 비롯한 인도차이나 독립 세력 간에 전투를 벌인 것이 제1차 인도차이나전쟁이다.

호찌민은 이처럼 민족독립의 가능성이 높아지고 있던 시기에 소련을 떠나 항일전쟁 중의 중국 각지를 둘러본 후 1941년 1월 28일 약 30년 만에 조국 베트남의 땅을 밟았다. 이후 호는 베트남인 공산주의운동의 최고지도자로서 활동을 시작했다. 1941년의 베트남독립동맹(비엣 민)의 결성에서 1945년 8월혁명을 성공시키고 베트남민주공화국 독립선언 그리고 복귀를 도모하려는 프랑스에 대항한 저항전쟁에 이르기까지 1940년대의 베트남사는 호를 빼고서는 말할 수 없다. 이 시대는 지도자 호찌민의 사상이 베트남이 걸었던 실제의 발걸음에 가장 잘 반영된 때였다. 이 장에서는 이 시대의 정치 지도자로서 호찌민에 초점을 맞추고자 한다.

1. 지도자 호찌민의 출현

1930년대 베트남인 공산주의자 사이에서 호찌민의 미묘한 위치를 생각한다면, 호가 1941년에 귀국하자 곧바로 공산당 내에서 지도권을 회복한 것은 당연한 일이 아니었다. 이 문제의 회답은 호가 베트남인 공산주의자 사이에서 지도력을 획득하기에는 매우 절묘한 타이밍에 귀국했다는 데 있었다.

먼저, 베트남인 공산주의자의 입장에서 호찌민의 권위의 원천은 코민테른과의 관계에 있으며 호는 귀국 후 먼저 코민테른의 대표 자격으로 인도차이나공산당의 중앙위원회를 주재했다. 코민테른은 1935년의 제7차 대회 이후 각국 공산당의 자주성을 존중하고 각각의 국내 운동에 관해서는 각국 공산당에 위임하는 것을 공식 방침으로 정했다. 제2차 세계대전의 발발은 코민테른과 각국 공산당 간의 연락을 곤란하게 했기 때문에 코민테른은 1943년 5월 각국 운동의 성장을 이유로 해산을 선언했다. 호가 귀국한 1941년의 시기는 각국 공산당의 자주성이 증대했지만, 코민테른이 아직 존속하고 있었으며 코민테른과 연결된 편이 각국 공산당의 내부에서 아직 큰 의미를 지니던 시대의 마지막에 해당하는 시기였다.

이처럼 설명하면 코민테른과 연결되어 있던 베트남인 공산주의자는 호찌민 이외에 없었을 리가 없다는 의문이 들지 모르겠다. 확실히 코민테른 집행위원후보였던 레 홍 퐁을 비롯해 코민테른과 연결되어 있다는 점에서는 호에 필적하거나 보다 강한 입장에 있었던 베트남인은 몇 명인가 존재했다. 하지만 1939년 9월의 제2차 세계대전의 발발을 전후한 시기부터 강화된 프랑스 식민지정권의 탄압으로 1941년까지 이러한 사람들 대부분이 처형되든지 프랑스 당국에 의해 체포·감금되었다.

먼저 레 홍 퐁은 1938년 6월에 체포되어 1942년 9월에 사망했다. 하 후이 떹도 1938년 7월 체포된 후 일단 석방되었지만 1940년에 다시 체포되어 1941년 8월에 처형되었다. 호가 귀국하기 직전인 1940년 11월에 발생한 남기봉기(저자 주: 남기는 베트남 남부를 가리킴)에 대한 식민지정권의 탄압은 1930년대 후반 인도차이나공산당 최대의 거점이었던 남부 당 조직에 괴멸적인 타격을 가하여 프랑스가 공산당 지도자를 처형하는 구실로 삼았다. 이것은 국제공산주의운동과 인도차이나공산당 간의 가장 강력한 연결고리를 끊어 버렸다. 이로 인해 1935년의 제1차 대회에서 선출된 중앙위원 가운데 호가 귀국한 시점에서 무사했던 인물은 호를 제외하면 중국에서 활동하고 있던 풍 찌 끼엔Phung Chi Kien뿐이었다.

1938년 3월 인도차이나공산당중앙위원회에서 하 후이 떰이 서기장에서 해임된 후 서기장에 취임한 인물은 응우옌 반 끄Nguyen Van Cu였다. 응우옌 반 끄는 1912년에 태어나 1929년에 '인도차이나공산당' 그룹에 가담한 선임 활동가였지만 소련에서 학습한 경험이 없는 인물이었다. 그와 같은 인물이 서기장에 선출되었다는 것 자체가 인도차이나공산당의 코민테른에 대한 자립성 확대를 의미하는 것이었다. 응우옌 반 끄의 지도하에 제2차 세계대전 후인 1939년 11월에 개최된 인도차이나공산당 제1기 제6차 중앙위원회에서 프랑스 인민전선에 호응하여 식민지에 있어 민주주의 권리 확대를 위해 일시 철회하고 있던 제국주의 타도, 독립의 구호를 다시 내세워서 반제국주의를 당면 최우선 과제로 할 것을 결정했다. 인도차이나공산당도 민족적 계기를 중시하는 노선을 채택한 것이다.

이런 응우옌 반 끄도 1940년 1월에 체포되었다. 그래서 인도차이나공산당의 실질적인 지도권은 베트남 북부지방위원회를 중심으로 하는 그룹으로 이동했다. 일본군이 1940년 9월에 북부불인진주라는 사태를 일으키자, 북부지방위원회의 쯔엉 찐, 호앙 번 투Hoang Van Thu, 호앙 꾸옥 비엣Hoang Quoc Viet 등은 중앙위원회 소집을 도모하여 같은 해 11월 북부에서 제1기 제7차 중앙위원회를 개최했다. 중앙위원회에는 남부에서 국내 유일의 정규 중앙위원이었던 판 당 르우Phan Dang Luu가 참여하여 중앙위원회로서의 정통성이 겨우 유지되었다. 무엇보다도 판 당 르우는 중앙위원회에서 남부의 당 조직이 계획하고 있던 남기봉기의 중지 결정을 가지고 남으로 돌아가자마자 체포됨으로써 결국은 남기봉기가 발발했다. 남기봉기에 대한 프랑스의 탄압으로 남부의 당 조직은 큰 타격을 당해 국내의 당 조직에서 북부의 중심성이 한층 강화되었다. 제7차 중앙위원회는 쯔엉 찐을 서기장 대행으로 하는 임시중앙위원회 위원을 선출했다. 호찌민의 귀국을 맞이한 인도차이나공산당중앙은 바로 이 임시중앙위원회였다. 임시중앙위원회는 코민테른과 완전히 무관하게 형성된 당 지도부이며 소련 유학의 경험이 있는 인물은 중국에 있던 풍 찌 끼엔을 제외하면 한 명도 존재하지 않았다.

호찌민이 지도자로서 귀국할 수 있게 한 것은 다음의 네 가지 사정으로 정리할 수 있다. 인도차이나공산당이 코민테른에 대한 자립성을 증대하고 있었다는 점, 인도차이나공산당이 민족적 계기를 중시하는 노선으로 전환한 점, 인도차이나공산당 내부에서 코민테른의 위신 자체가 여전히 강력했다는 점, 국내의 당 지도부에는 코민테른과의 관계를 자랑할 수 있는 인물은 이미 존재하지 않았다는 점.

2. 비엣 민 결성

귀국한 호찌민은 중월국경에서 가까운 까오 방 성의 팍 보에서 1941년 5월 10일부터 15일에 걸쳐 인도차이나공산당 제1기 제8차 중앙위원회를 개최했다. 호 이외의 출석자는 쯔엉 찐, 호앙 번 투, 호앙 꾸옥 비엣 등 제7차 중앙위원회에서 선출된 세 명의 임시 중앙상무위원(후에 정치국위원에 해당하는 당 최고지도부), 중국에 있던 재외위원회의 풍 찌 끼엔, 부 아

제8차 중앙위원회가 개최된
까오 방 성의 팍 보

인Vu Anh 그리고 약간의 북부와 중부의 지방위원회 대표였다. 제8차 중앙위원회는 그 후의 베트남사에 큰 영향을 주는 중요한 결정을 했다.

첫째는 당면한 혁명의 성격을 민족해방혁명으로 명확히 규정하고 일본과 프랑스의 공동지배를 타도하여 독립을 달성하는 반제국주의 투쟁에 전심전력할 것을 결정한 점이다. 인도차이나공산당은 그때까지 반제국주의와 반봉건을 두 가지 과제로 하는 민족민주혁명 노선을 취해 왔지만, 여기서 반제국주의를 당면한 가장 중요한 과제로 하고 반봉건의 중심과제인 지주적 토지소유를 폐지하여 농민에게 토지를 부여하는 토지혁명은 지주층도 끌어넣는 광범한 민족통일전선의 형성을 위해 당면과제로 하지 않았다.

둘째는 그때까지의 인도차이나의 독립이라는 방침을 변경하여 현재는 인도차이나 3국, 요컨대 베트남, 캄보디아, 라오스가 각각의 독립을 추구한다는 방침을 내세운 점이다. 이에 따라 베트남에 관해서는 베트남민주공화국의 수립이라는 국가구상이 수립되게 되었다.

셋째는 베트남의 독립을 달성하기 위한 민족통일전선 조직으로서 베트남독립동맹, 즉 비엣 민의 결성이 결정되었다는 점이다.

세 가지 모두 공산주의운동에 있어 민족적 계기를 중시하고 베트남인의 민족성을 자리매김할 필요성을 강조해 온 호찌민의 생각을 강하게 반영한 것이었다. 여기서 주의해야 하는 것은 둘째의 점이다. 이러한 전환은 인도차이나공산당이 그때까지의 인도차이나 혁명론을 포기하고 베트남혁명이라는 종래의 길로 복귀한 것을 의미하지는 않는다. 당시는 여전히 인도차이나의 틀 속에서 식민지 통치가 계속되고 있었고 공산당도 인도차이나의 차원에서 통일된 힘의 형성이 필요하다고 생각하고 있었다. 1930년대의 공산당은 통일된 힘을 민족의 틀을 넘어선 계급적 연대로 형성하려 했지만 제8차 중앙위원회는 그것을 베트남·캄보디아·라오스라고 하는 세 개의 독립국가의 형성을 목표로 한 민족해방운동의 연대에 의해 구축하는 방침으로 바꾸었다. 따라서 인도차이나공산당은 인도차이나 혁명론을 포기한 것이 아니라 당의 편성원리를 계급에서 민족으로 전환한 것으로 봐야 할 것이다. 이 점에서 볼 때, 호는 자기 생각을 1930년대 인도차이나공산당의 인도차이나 혁명론에 결합한 것이지 1930년 2월의 베트남공산당 결성의 시점으로 공산당을 되돌린 것은 아니었다.

더욱이 이때 부활한 베트남이라는 틀의 의미가 1920년대와 달랐다는 점에도 주목해야 한다. 10세기 이래 장기간 독립 국가의 전통을 유지해온 베트남에서 베트남 국가라는 것은 기본적으로 전통 국가의 담당자였던 협의의 베트남인=베트남의 다수민족으로 인구의 85% 이상을 차지하는 킨족의 것으로 간주되어, 기타의 소수민족은 베트남 국가의 담당자 혹은 베트남인이라는 범주의 구성원으로 여겨지지 않는 경향이 1920년대까지 강했다. 이런 시대에 베트남인의 민족성이 공산주의운동에도 자리매김하여야 한다는 호찌민의 생각은 이러한 킨족 중심주의적 발상의 타파라고 하는 과제에는 영향을 주지 못했다.

이러한 발상을 철저히 비판한 것은 호찌민에 대해서도 국가주의로 비난을 퍼부었던 호보다 젊은 공산주의자들이었다. 그들이 베트남혁명이라는 발상을 협소한 것으로 철저하게 배척하면서 인도차이나 혁명론을 제창한 배경에는 당시의 베트남이 좁은 의미의 베트남인의 것으로서만 여겨지고 있었다는 사정도 있었다.

이런 경과를 거쳐 1941년에 베트남이라는 틀이 부활한 때에 이러한 베트남이라는 틀은 좁은 의미의 베트남인만이 아니라 베트남에 거주하는 소수민족을 포괄하는 것으로 여겨지게 되었다. 이후 베트남인이라든가 베트남민족이라는 말은 소수민족을 포함한 베트남국민의 의미로 사용되게 되어 좁은 의미의 베트남인은 다민족 국가 베트남의 하나의 구성원으로서 킨족으로 불리게 되었다. 필자는 베트남이라는 상징에 대한 의미의 전환에 대해 1930년대에 인도차이나 공산당을 형성한 젊은 교조주의적인 국제주의자가 담당한 역할이 컸다고 생각하고 있다. 이 점에서 새로운 베트남 창조의 공적 모두를 호찌민에게 귀속시킬 수는 없는 것이다.

그런데 호찌민은 제8차 중앙위원회를 주재할 때 스스로 결의안을 기초하지 않고 그 임무를 서기장 대행이었던 쯔엉 찐에게 위임하고 쯔엉 찐의 초고에 주문하는 방법을 취했다. 호 자신이 작성한 것은 중앙위원회 결의의 부속 문서로서 채택된 '비엣 민 강령'이었다. 그리고 인사를 할 때도 호를 서기장으로 하자는 목소리를 누르고 쯔엉 찐을 서기장으로 추천했다. 공산당의 규약은 중앙위원회 인사를 정식으로 할 수 있는 것은 당대회로 정하고 있었다. 쯔엉 찐의 서기장 선출을 포함하여 제8차 중앙위원회의 중앙위원을 선출한 것은 규약을 위반한 결정이었다. 베트남에서 간행된 공식 문헌은 이러한 결정에 대해 정규의 중앙위원이 모두 체포된 긴급사태이기 때문에 취해진 조치였다고 기술하고 있지만, 여기에도 호의 사려 깊음이 작용한 것 같다.

제8차 중앙위원회는 내용으로 볼 때도, 당중앙의 인사를 결정해야만 했던 점에서 보더라도, 당대회에 필적하는 위치를 차지하는 회의였다. 호찌민은 코민테른 대표로서 회의를 주재했기 때문에 마음만 먹으면 회의를 당대회로 하는 것도 가능했다. 호가 오히려 그렇게 하지 않았던 것은 귀국한 지 얼마 되지 않은 호가 당대회를 소집한다고 하면 그때까지의 인도차이나공산당과의 단절성이 강조될 것으로 판단했기 때문이 아닐까 한다. 어느 쪽이든 호는 이런 방법으로 인도차이나공산당을 계속 유지하면서 자신의 지도력을 발휘한 것인데, 1930년대의 인도차이나공산당 지도부와 호 사이의 거리를 생각하면 '아슬아슬한 재주'로 곤란한 과제를 달성했다고 볼 수 있다.

쯔엉 찐은 1907년 출생이고 호앙 번 투는 1906년 출생, 호앙 꾸옥 비엣은 1905년 출생이었다. 이들이 태어난 해는 쩐 푸, 레 홍 퐁, 하 후이 떼이 태어난 1902년~1904년과 그다지 큰 차는 없었다. 그러나 '청년'이 탄생한 1925년에 스무 살이 되었는지는 베트남인 공산주의 운동사에서 상당히 중요한 분수령이었다. 스무 살을 넘긴 사람 가운데는 소련 유학을 한 사람이 많았고 호찌민에 대한 대항심도 왕성했지만, 그보다 젊은 사람은 소련 유학을 한 사람이 적었고 호의 권위에 저항하려는 의사는 그다지 찾아볼 수 없다.

이러한 1930년대의 인도차이나공산당 지도자보다는 약간 젊은 활동가가 중심이었던 제8차 중앙위원회에서 호를 어떻게 부를 것인지가 문제 됐다. 베트남어는 회화에서 2인칭 대명사로서 친족 호칭을 사용한다. 즉, 상대가 남자라면 '할아버지', '아저씨', '아버지', '형' 등의 말을 사용한다. 어느 말을 선택하느냐에 따라 상대와 자신의 상하, 거리감이 표현되기 때문에 익숙지 않은 외국인에게는 매우 성가신 말이다.

제8차 중앙위원회에서 처음에 호를 부를 때 동지를 사용하는 사람도 있었고 본래 조부·조모를 의미하는 말로 윗사람에 대한 극존칭인 '꾸'cụ를 사용하는 사람도 있었다. '꾸'는 존칭이지만 상대와 일정한 거리를 둔 말로 친족 이외에 사용할 경우는 '일가'의 어감이 없는 말이었다(저자 주: 교육·의료 현장 이외에서 사용될 때의 일본어의 선생님에 가까운 어감). 그래서 호와 이야기가 활기를 띠게 되면 회의 참가자는 원래 백부, 백모를 지칭하고 타인에 대해 사용하면 윗사람에 대한 존칭이 되지만 '꾸'보다는 친근감이 깃든 선생님의 어감이 들어 있는 '박'bác이라는 말을 사용하게 되었다. 이것이 이후에 '호 아저씨'의 호칭이 사용된 기원(당시는 아직 호찌민이라는 이름은 탄생하지 않았다)이다.

3. 중국 여행

호찌민은 제8차 중앙위원회에서 서기장 취임 요청을 거절했을 때, "나는 지금 코민테른이 제기한 임무를 수행하고 있다. 코민테른은 나에게 다른 장소에서 임무를 수행하게 할지 모르기 때문에 내가 당의 서기장이 될 수 없다."라고 말했다고 한다. 이때 호가 진심으로 그렇게 생각하고 있었는지는 지금도 분명하지 않다. 그러나 '코민테른의 임무'인지 어떤지는 별도로 하고 호가 자신의 긴 외국 체험을 활용하여 베트남의 혁명을 유리하게 이끄는 외교활동은 자신의 일이라고 생각하고 있었던 것은 그 후 그의 행동을 볼 때도 명확하다.

이야기가 전후하지만, 청년혁명회를 광저우에서 조직한 경험을 가진 호찌민은 당시부터 남중국에서 베트남의 혁명활동이 합법적인 활동으로 전개될 수 있는 조건을 만드는 것을 중시하고 있었다. 비엣민이라는 명칭의 조직 탄생도 이와 관련되어 있었다.

소련에서 중국에 온 호찌민은 1939년 말 충칭에서 호 혹 람Ho Hoc Lam이라는 베트남인을 만났다. 호 혹 람은 판 보이 쩌우가 조직한 동유운동의 참가자로 일본에서 추방된 후 중국에서 장기간 활동하고 있던 인물로 중국국민당과 양호한 관계를 유지하면서 당시는 국민당군의 중령으로서 충칭의 참모본부에서 근무하고 있었다. 호 혹 람은 1936년 난징에서 조직된 월남독립동맹회라는 조직의 회장으로 추대되었다. 조직에는 응우옌 하이 턴Uguyen Hai Than 등 중국에 있던 베트남인 민족주의자와 호앙 반 호안 등 베트남인 공산주의자도 가담하고 있었고, 호 혹 람과 중국국민당 간의 관계를 활용하여 합법적으로 중국에서 베트남인의 독립운동을 전개하는 것을 목표로 삼고 있었다.

월남독립동맹회는 호찌민이 중국에 왔을 때는 이미 유명무실한 상태였지만 중국국민당의 허가증은 아직도 유효했다. 호찌민은 이 점에 착안하여 중국에서 합법적인 활동의 기초를 만들기 위해 동맹회의 명칭을 계속해서 활용했다. 1940년 말 중국의 꾸이린에 개설된 월남독립동맹회판사처의 주임에는 호 혹 람이 추대되었고, 부주임에는 당시 중국에서 활동하면서 호찌민과 밀접한 연락을 취하고 있던 공산당원인 팜 반 동이 취임했다. 1941년의 제8차 중앙위원회에 앞서 베트남독립동맹이라는 명칭의 조직은 이미 탄생해 있었던 것이다.

1941년 6월의 독일과 소련의 전쟁 개시, 12월의 태평양전쟁의 발발로 세계는 연합국과 구축국의 양대 진영으로 명확하게 갈라서 있었다. 중국의 지원을 획득하는 것은 연합국의 베트남해방운동에 대한 협력을 획득하는데도 큰 의미가 있었다. 그러나 중국의 국민당정부는 공산주의의 그림자가 어른거리는 비엣 민에 대한 지원에 소극적이어서 중국에서의 활동은 여러 곤란에 직면했다. 이러한 시기에 호찌민은 응우옌 아이 꾸옥이라는 국제공산주의운동과 밀접히 결부된 이름을 버리고 새로운 이름을 대면서 중국으로 갔다. 호의 국제주의자로서의 시야는 제2차 세계대전의 상황에서 국제공산주의운동에서 연합국으로 확대되고 있었다.

그러나 호찌민은 중국국민당의 지방정권에 구속되어 1942년 8월부터 1943년 9월까지 약 1년에 걸쳐 옥중생활을 했다. 호가 옥중생활 가운데 집필한 시를 모은 《옥중일기》는 유명하다. 호의 어려운 처지를 구출해 준 것은 베트남 국내에서 전개된 비엣 민 운동의 발전이었다. 중국의 입장에서도 기타 연합국의 입장에서도 비엣 민만

이 베트남 국내에 기반을 둔 반일
정치세력이라는 정세의 형성이
중국국민당에게도 호의 이용가치
를 높여주었다. 국민당정권은 호
를 석방하고 친중파 베트남인 민
족주의자의 연합조직이었던 베트
남혁명동맹회를 개조해 호를 지
도부에 참가시켰다.

《옥중일기》의 표지

베트남혁명동맹회의 재외대표
대회가 중국국민당의 장파쿠이
장군 주재로 1944년 3월 류저우
에서 개최되었다. 호가 혁명동맹

회에 참가함으로써 비엣 민은 동맹회의 구성원이 되었기 때문에 남
중국에서의 활동이 쉬워졌다. 호에게는 장기간 유효한 중국 입국허
가증이 주어졌다. 그 후 혁명동맹회는 민족주의자의 내부 대립으로
해체되어 버리지만 호는 류저우 회의에서 중요한 제안의 승인을 받
아냈다. 제안은 1년 후쯤을 목표로 호가 책임지고 국내에서 전국대
회를 개최하는 것이었다. 이 제안은 1945년 8월에 개최된 베트남민
주공화국의 임시정부를 선출하는 국민대회로 연결되었다.

호찌민은 1944년 8월 자유의 몸이 되어 귀국할 때 장파쿠이 장군
에게 "나는 공산주의자이지만 지금 내가 관심을 두고 있는 것은 베
트남의 독립과 자유이지 공산주의는 아닙니다. 나는 형님에게 향후
50년간 베트남에선 공산주의가 실현되지 않을 것이라는 특별의 약
속을 드립니다."라고 말했다. 호찌민이라는 이름과 이 발언은 당시의

호가 연합국에 분명히 수용될 수 있는 길을 찾고 있었다는 것을 보여준다.

　중국에서 돌아온 호찌민은 1945년 2월 이번에는 까오 방에서 비엣 민에게 구출된 한 명의 미군 비행사를 데리고 다시 중국으로 향했다. 호는 윈난성의 쿤밍에서 미국의 전략정보국OSS 등과 접촉하여 미군으로부터 약간의 경화기, 약품, 통신기를 비엣 민에게 제공할 것, 통신기 사용을 지도할 두 명의 미국인을 호와 동행시키는 약속을 얻어냈다. 호는 1945년 5월 제공받은 통신기를 통해 쿤밍의 전략정보국에 미국독립선언문 1부를 낙하산으로 낙하시켜 달라는 요청을 발신했다. 이때 호의 머릿속에는 이미 베트남독립선언의 모두에 미국독립선언을 인용할 생각이 있었던 것일까. 당시 미국의 루즈벨

호찌민이 OSS의 찰스 펜 앞으로 보낸 편지

트Franklin Roosevelt 대통령은 전후 인도차이나 신탁통치 구상을 주장하고 프랑스의 계속된 식민지지배에 난색을 표명했다. 또한 남중국에 기지를 둔 미국 공군도 인도차이나 내부의 정보가 필요했다. 이러한 정세를 배경으로 성립된 미국과의 협력은 양적으로는 하잘것없었지만, 비엣 민의 국내적·국제적인 지위의 강화에 상당한 공헌을 했다.

4. 떤 짜오 국민대회

1945년 3월, 일본군이 일으킨 프랑스 식민지정권 타도의 쿠데타, 이른바 불인처리는 비엣 민 운동에 비약적인 발전의 기회를 부여했다. 오랫동안 공산당을 비롯한 베트남인의 반프랑스 정치운동을 봉쇄해 온 프랑스 식민지정권의 탄압기구는 해체되어 다수의 정치범도 탈옥하여 운동 대열에 복귀했다. 또한 비엣 민은 때마침 베트남 북부를 휩쓸고 있던 대기근(역주: 1944년 가을 벼농사의 작황과 1945년 봄 작황이 일기 불순으로 쌀 생산이 감소하고, 일본군과 프랑스 식민지정권의 쌀 강제공출로 인해 베트남 북부 주민이 대량으로 아사했다. 베트남에서는 당시 200만 명이 아사했다는 설이 존재한다)에 대해 '나락 창고를 습격해 기근에서 벗어나라'라는 구호를 내세워 영향력은 급속히 확대해 갔다. 도시부에선 일시 일본이 응우옌왕조의 바오 다이 황제에게 선언하게 한 '독립'에 기대를 거는 공기가 강했지만, 그의 밑에서 성립된 쩐 쫑 낌 Tran Trong Kim 정권의 무력함이 분명히 드러나자, 정권 내부에서도 비엣 민 지지로 돌아선 사람이 출현하는 등 민심은 급속히 비엣 민 쪽으로 기울어 갔다.

호찌민은 '적당한 때를 포착하는'데 뛰어난 지도자였지만, 그의 재능은 1945년의 8월혁명에서도 멋지게 발휘됐다. 그것은 일본이 패배하고 연합군이 아직 상륙해 오기 전에 전국적인 봉기를 조직하여 정권을 탈취하고, '나라의 주인공'으로서 연합군을 맞이한다는 인도차이나공산당의 방침에 잘 드러나 있다. 일본 항복의 소식을 접한 인도차이나공산당이 1945년 8월 13일부터 15일에 걸쳐 베트남 북부의 떤짜오에 소집한 공산당 전국회의는 전국적인 봉기=총봉기의 발동을 결정한 회의로 유명하다.

당의 전국회의에 이어 호찌민은 8월 16일과 17일에 그곳에서 국민대회를 조직했다. 국민대회는 총봉기에 앞서 베트남민주공화국 임시정부의 기능을 맡을 베트남민족해방위원회를 선출하기 위한 것이었다. 호는 혁명동맹회의 정치고문 역할을 담당하고 있던 중국국민당군의 간부를 회의에 초대하려 하는(이 계획은 시간적인 제약으로 실현되지 못했다) 등, 작년 베트남혁명동맹회의 회의에서 확인된 국내서 전국대회를 개최하는 계획을 실현하는 것으로 자리매김하고 있었던 것같다.

더욱이 호찌민은 회의에서 베트남의 북부, 중부, 남부의 각 대표, 재외 베트남인의 대표 및 각 정치 당파, 종교, 각 민족의 대표를 소집하는 데 강한 집착을 보였다. 이것은 임시정부로서 민족해방위원회의 국제적, 국내적인 정통성 확립이라는 과제를 호가 중시하고 있었던 것을 보여준다.

하지만 실제 시간적인 제약도 있고 해서 국민대회에 결집할 수 있었던 인사는 8월혁명 이전에 비엣 민에 참가하고 있었든지, 비엣 민 지지로 돌아선 인사 60명 남짓이었다. 그래서 대회에서 선출된 민족해방위원회는 호찌민을 주석, 예전에 베트남국민당원으로 옥중에서 공산당원이 된 쩐 후이 리에우Tran Huy Lieu를 부주석, 공산당원인 응우옌 르엉 방Nguyen Luong Bang, 팜 반 동, 보 응우옌 잡, 응우옌 찌 타인Nguyen Chi Thanh) 그리고 비엣 민의 지식인 정당이었던 베트남민주당의 드엉 득 히엔Duong Duc Hien 등을 위원으로 구성하여 공산당원의 비율이 높은 위원회였다.

호찌민은 이 점에 불만이 있었던지 하 노이로 나오자마자 곧바로 당외 인사를 초청하여 해방위원회를 개조했다. 다만, 호는 국민대회의 시점에서도 공산당의 최고지도부였던 중앙위원회의 구성원인 쯔엉 찐과 호앙 꾸옥 비엣을 해방위원회에 참가시키지 않았다. 이러한 조치는 "우리 당은 이제 막 15살이 되었을 뿐이다. 이에 대해 민족해방투쟁은 아직 장기적으로 지속될 테니 우리는 세력을 감춰두지 않으면 안 된다."라는 생각에서 내려졌다고 하지만, 호가 공산당과 정권을 구별하여 생각하고 있었던 것은 틀림없었던 것 같다.

5. 호찌민과 응우옌 아이 꾸옥

베트남의 1945년 8월혁명은 베트남인들의 독립에 대한 열망이 분출한 매우 대중적인 혁명이었다. 그러므로 그때까지의 공산당과 비엣 민의 기초조직의 강약과 무관하게 하 노이, 후에, 사이 공과 같은 대도시를 포함해 전국에서 봉기가 성공하여 전국 정권이라는 강한 정통성을 베트남민주공화국에게 부여했다. 또한 대중적이었다는 것은 다양한 입장과 계층의 사람들이 각자 나름의 주체적 판단으로 혁명에 참여한 측면이 강했다는 것을 의미했다. 따라서 혁명의 성공을 호찌민 및 공산당과 비엣 민의 '절묘한 지도'에만 귀착시킬 수는 없다.

그렇다고 사람들의 독립 열망이 분출하고 있다 해서 혁명은 성공하지 못한다. 혁명에는 당연히 구심력이 필요했다. 이 점에서 호찌민의 역할은 컸지만, 호의 구심력은 응우옌 아이 꾸옥과 호찌민이라는 동일 인물의 두 가지 이름에서 나왔다. 국민의 지도자가 된 호가 공적으로 호찌민이라는 이름을 사용한 것은 베트남인에게 혼란을 초래했다. 응우옌 아이 꾸옥이라는 이름은 유명했지만, 호찌민이라는 이름은 거의 알려지지 않았기 때문이다.

먼저 응우옌 아이 꾸옥은 1920년대부터 베트남인 사이에 알려져 있던 유명한 혁명가이며, 독립의 길을 찾아 고난의 여행을 계속했던 그의 인생은 베트남 사람들이 독립의 상징으로 하기에 어울리는 이름이었다. 즉, 이 이름은 팜 보이 쩌우에서 시작되는 20세기 베트남 역사의 곤란한 여정을 체현한 것으로 받아들여졌다. 이에 반해 호찌민이라는 이름은 그 배후에서 연합국으로부터 국제적 지원을 받았다는 의미가 있다. 적어도 연합국의 승리로 끝난 제2차 세계대전 종결 직후의 시점에서 연합국과 대화할 수 있는 지도자는 호찌민밖에 존재하지 않았다. 호찌민은 이른바 제2차 세계대전 직후라는 현대를 살아가는 것을 상징하는 이름이었다.

두 가지 이름이 8월혁명 당시 어떠한 의미가 있었는지 보여주는 에피소

독립선언문을 낭독하는 호찌민

드가 바오 다이 황제의 궁중 비서실장을 지낸 팜 칵 호에Pham Khac Hoe의 회고와, 그것에 근거한 시라이시 마사야의 뛰어난 연구에 소개되어 있다. 떤 짜오에서 국민대회가 개최되고 있을 즈음, 후에의 왕궁에는 쩐 쫑 낌 내각의 각료 가운데서도 황제도 이제 퇴진하여 비엣 민에게 정권을 이양해야 한다는 논의가 일어나 격렬한 논쟁이 벌어졌다.

당시 이미 비엣 민에 공감하고 있던 팜 칵 호에는 왕위를 고집하고 있던 바오 다이에게 응에 안, 하 띤 지방에 옛날부터 전해져 내려오는 '돈 손의 산맥이 갈라져 보–다이에서 물소리가 끊어졌을 때 남 단에 성인이 태어난다'는 예언을 소개했다. 돈 손도 보–다이도 응에 안 성의 지명으로 19세기 말에 도로공사를 위해 돈 손의 산맥은 양분되어 보–다이의 물의 흐름도 끊어졌기 때문에, 이 예언은 진짜라는 이야기가 된다. '남 단의 성인'은 애초 남 단 현 출신의 판 보이 쩌우로 여겨졌지만 1920년대 이후는 사람들 사이에 응우옌 아이 꾸옥이라는 소문이 났다.

바오 다이는 이 이야기에 매우 강한 관심을 보였다. 그리고 바오 다이는 응우옌왕조에 전해져 내려오는 '횡산일대, 만대용신'(하 띤 성과 꾸앙 빈 성 사이에 있는 횡산의 날카로움을 살리면 왕위는 만대에 걸쳐 평안하고 무사하다는 의미)이라는 예언과 '남 단의 성인' 이야기를 연계하여 응우옌 아이 꾸옥에게 몸을 맡기면 응우옌왕조의 명예는 영원히 유지할 수 있다고 생각했다. 그래서 바오 다이는 '남 단의 성인'=응우옌 아이 꾸옥에게 정권을 이양한다는 전제하에 스스로 퇴위를 고려하기 시작했다.

하지만 베트남민주공화국 임시정부의 주석은 호찌민이라는 이름의 인물이라는 사실이 전해지자 바오 다이는 혼란에 빠졌다. 그러나 호찌민이 곧 응우옌 아이 꾸옥이라는 사실을 알게 되자, 바오 다이도 '그렇다고 한다면 해볼 수 있다'라고 말하면서 퇴위를 결심했다.

더욱이 바오 다이 자신의 회고에 의하면 그는 당시 매우 강한 고립감을 느끼고 있었던 것 같다. 호찌민과 비엣 민은 중국, 미국, 프랑스 등의 연합군과 연락을 하고 있었지만, 자신은 각국 수뇌에 메시지를 보냈는데도 불구하고 어느 곳에서도 답장이 오지 않았다. 비엣 민은 군중을 동원하고 있는데 자신은 측근조차 규합할 수 없었다. 바오 다이는 이러한 상황에서 천명이 호찌민과 비엣 민으로 옮겨갔다고 느꼈다.

결국 '남 딴의 성인'인 응우옌 아이 꾸옥이 연합국과 연락을 취하는 지도자 호찌민과 겹쳐졌을 때 응우옌 왕조의 황제 바오 다이는 스스로 퇴위를 결심했다. 바오 다이는 8월 30일 임시정부 대표단에 옥새와 국검을 양도하고 퇴위했다. 그 후 바오 다이는 일시 호찌민의 초빙으로 베트남민주공화국의 최고고문이 되었지만, 제1차 인도차이나전쟁이 시작되자 호찌민과 결별하고 프랑스가 지원하는 베트남공화국의 원수가 되었다. 그러나 8월혁명 당시의 바오 다이의 생각은 일반 베트남인이 가지고 있던 응우옌 아이 꾸옥=호찌민상의 한 측면을 대표하고 있었다.

6. 친일분자와 친일적 경향

호찌민이 떤 짜오에서 하 노이로 나온 것은 1945년 8월 25일이었다. 호는 그곳에서 임시정부인 해방위원회를 확대하는 개조에 착수했다. 8월 28일 공표된 임시정부의 각료 명단은 다음과 같았다.

- 정부주석: 호찌민
- 외무부장관: 호찌민
- 내무부장관: 보 응우옌 잡*
- 재무부장관: 판 반 동
- 공보부장관: 쩐 후이 리에우
- 국방부장관: 쭈 반 떤Chu Van Tan*
- 노동부장관: 레 반 히엔Le Van Hien*
- 교육부장관: 부 딘 호에Vu Dinh Hoe*
- 청년부장관: 드응 득 히엔
- 사법부장관: 부 쫑 카인Vu Trong Khanh*
- 경제부장관: 응우옌 마인 하Nguyen Mahh Ha*
- 의료부장관: 팜 응옥 탁Pham Ngoc Thach*
- 사회구제부장관: 응우옌 반 또Nguyen Van To*
- 교통토목부장관: 다오 쫑 낌Dao Trong Kim*
- 무임소장관: 꾸 후이 껀Cu Huy Can*
- 무임소장관: 응우옌 반 쑤언Nguyen Van Xuan*

이 가운데 *가 붙은 것은 새롭게 각료에 발탁된 인물이지만, 이 가운데 보 응우옌 잡, 쭈 반 떤, 레 반 히엔의 세 명이 공산당원이고 나머지 8명은 모두 당외 인사였다. 부 딘 호에는 제2차 세계대전 시기 하 노이에서 출판되고 있던 잡지《타인 응히》Thanh Nghi의 주필로 근무한 인물, 응우옌 마인 하는 식민지정권의 하 노이 경제국의 책임자로 근무하고 있던 가톨릭신자, 팜 응옥 탁은 왕족과 관련된 가계의 출신자로 불인처리 후 남부에서 발전한 합법적 청년운동인 청년선봉의 지도자로 근무한 의사, 응우옌 반 또는 1938년에 결성된 민중 식자교육의 자원봉사조직인 '꾸옥 응어 전파회'의 회장 등 새롭게 각료에 참가한 당외 인사는 당시 도시의 지식인계의 유력자로 이뤄져 있었다.

이 가운데 주목해야 할 인물은 부 딘 호에였다. 그가 주재하고 있던 《타인 응히》지는 사회평론을 주로 하는 강경파 잡지로 잡지의 동인 가운데는 드응 득 히엔 등 1943년에 결성된 비엣 민의 지식인 정당인 베트남민주당의 참가자도 다수 배출했다. 그러나 일본의 불인처리 후 잡지의 동인 가운데 일본으로부터 부여받은 '하늘에서 내려 온 독립'을 어찌 되었든 간에 환영하고 그 틀 속에서 실력을 쌓는 것이 현실적이라는 경향이 강했다. 그것을 상징하는 것은 동인의 일부가 쩐 쫑 낌 정권에 참가한 점, 주필인 부 딘 호에를 책임자로 하여 1945년 5월에 결성된 '독립유지, 대동아공영권 내에서의 베트남의 국가통일'을 구호로 내세우는 신베트남회라는 정치결사의 탄생이었다. 그러나 쩐 쫑 낌 정권이 때마침 베트남 북부를 휩쓸고 있던 기근에 유효하게 대처하지 못함으로써, 《타인 응히》지 동인의 다수는 '하늘에서 내려온 독립'의 한계를 인식하고, 7월에 신베트남회를 해산한 후 자신의 힘에 의한 진정한 독립을 찾아 베트남민주당에 참가했다. 부 딘 호에도 이러한 길을 걸었던 인물이었다.

부 딘 호에 등이 '일본을 이용하여 독립'한다는 사고방식은 불인처리 후 일시적으로 도시에서 활동하던 지식인들 사이에 널리 퍼져

1946년의 국회에서 선출된 베트남민주공화국의 각료들

있던 발상으로, 일본 파시스트를 진짜 적으로 하는 비엣 민에게는
위험한 생각으로 비판의 대상이었다. 그러나 호찌민을 비롯한 당시
의 인도차이나공산당 지도부는 이러한 도시 지식인의 친일적 경향은
독립을 희망하는 애국심의 발로에서 나온 것으로 인식하여 어디까지
나 그들을 자신들의 통일전선으로 결집해야 할 대상으로 생각했다.
1941년 개최된 인도차이나공산당 제8차 중앙위원회의 결의도 "우리
인민 사이에 친일적 조직에 참여하는 사람이 있지만, 그것은 그들이
결코 일본을 사랑하기 때문은 아니다. 그들은 일본의 야만행위에 점
점 찬성하지 않게 되었다. 그들이 이들 친일적 단체에 참가한 것은
프랑스 식민지주의자를 매우 증오했기 때문이며 인도차이나의 정치
에 있어 새로운 변화를 바라기 때문이다."라고 하면서, 이들을 비엣
민으로 결집하는 대상으로 삼았다.

이 부분은 쯔엉 찐이 기초한 원안에 있었지만, 호찌민이 특히 강한 찬성의 뜻을 표명한 부분이었을 것이다. 이와 같은 생각을 채택한 인도차이나공산당은 일본의 특무기관 등에 협력하여 명확히 비엣 민에 적대행위를 일삼는 친일분자와 지식인 사이에 널리 존재했던 친일적 경향을 엄격히 구별하는 태도를 보였다. 이런 기본적 태도가 부 딘 호에의 베트남민주당 참가를 가능하게 했으며, 또한 호가 그에게 임시정부의 교육부장관 취임을 간청했을 때의 기본적인 인식이었다.

베트남의 8월혁명은 비교적 유혈이 적은 혁명이었지만 인도차이나공산당에 의해 '매국월간'(월간은 베트남인 반역자의 의미)으로 인정된 사람들 가운데 처형된 사람도 존재했다. 이러한 처형이 공산당 지방조직의 판단에 의한 것인지 호찌민도 포함된 공산당중앙의 계통적 지령에 따른 것인지 단정할만한 근거는 현재로선 존재하지 않는다.

이런 문제는 존재했지만 호찌민이 신정부에 당외 인사를 폭넓게 결집하는 데 성공한 것은 의심의 여지가 없는 사실이다. 호는 독립선언 직후의 시기에 제2차 세계대전 시기의 친일적 민족주의자의 대표적 인물로 불인처리 후의 총리 후보로 거론된 적이 있는 응오 딘 지엠Ngo Dinh Diem(뒤에 베트남전쟁 시기 남베트남의 지도자)와 불인처리 후에 실제로 총리가 된 쩐 쫑 낌과도 협력을 위한 협상을 하려 했다. 이것은 실현되지 않았지만, 부 딘 호에의 임시정부 참가 실현은 그 후 판 아인Phan Anh 등 쩐 쫑 낌 정권의 각료가 베트남민주공화국의 각료가 되는 길을 열어주었다.

베트남의 8월혁명은 일관되게 반일노선을 취한 공산당과 비엣 민이 중심이 되어 조직한 일본 파시스트로부터 권력을 탈취하려는 혁명이었지만, 8월혁명 후의 정치에 있어 대전 중 친일적 경향이 문제가 된 적은 적었다. 이 점에서 베트남의 사례는 대전 중에 대일협력을 한 경력의 사람들이 전후 독립의 중심을 담당한 인도네시아와 버마(역주: 현재의 미얀마)에 유사한 동남아시아적 특징에는 호찌민의 개성도 상당히 작용했다.

호찌민이 1945년 9월 2일에 독립선언문을 낭독했을 때, 베트남민주공화국 각료 15명 가운데 인도차이나공산당 당원은 6명이고 나머지 9명은 공산당적 용어를 사용한다면 프티 부르주아 지식인의 범주에 속하는 사람들이었다. 이들 당외 인사에게도 공산당이 실권을 장악한 정부 기관의 허수아비와 같은 지위가 아니라 실권이 주어졌다. 호 아래에서 독립선언 때부터 몇 차례의 중요한 외교교섭을 담당한 인물은 호에 의해 외무차관에 임명된 호앙 민 잠Hoang Minh Giam이었다. 그는 쩐 쫑 낌 정권에서 7월 말 하 노이의 '일본·베트남연락사무소'의 소장으로 임명된 인물로 이른바 그의 직무를 계승하는 형태로 신정부의 외교활동에 참가했다.

7. 인도차이나공산당의 해산

독립선언 당시의 베트남민주공화국은 매우 곤란한 국제정세 속에 놓여 있었다. 연합국의 결정에 따라 일본군의 무장해제를 위해 북위 16도선 이북에는 중국의 국민당군이 이남에는 인도 주둔 영국군이 진주했다. 남부에 들어간 인도 주둔 영국군은 프랑스의 인도차이나 복귀를 지원하는 자세를 취했기 때문에 남부에선 프랑스가 1945년 9월 23일 재빨리 베트남민주공화국의 지방정권을 강제적으로 해체하는 데 착수했다. 이에 대해 북부에 들어간 중국국민당군은 프랑스와 모순되는 이해관계로 그들의 복귀를 지원하려 하지 않았지만, 베트남민주공화국 정부에 베트남인 친중 인사의 참가를 요구하면서 변혁을 시도했다.

중국국민당군의 정치공작 책임자는 호찌민에 대해 베트남민주공화국 정부는 너무 '빨갛다'(공산 분자가 너무 많다는 의미)며 정부의 개조를 강력하게 요구했다. 호는 친중적인 베트남혁명동맹회와 베트남국민당의 대표를 정부에 참가시키고, 다가오는 총선거의 투표 결과와 상관없이 양대 친중파에게 일정의 의석을 부여하는 등의 양보를 했지만, 국민당군의 일부는 그것에 만족하지 않고 드러내놓고 '멸공금호'(공산당을 멸망시키고 호를 사로잡자)하자고 주장했다. 호는 이런 정세 속에서 인도차이나공산당 확대 중앙상무위원회를 소집하고 그 자리에서 인도차이나공산당의 자발적 해산을 선언하는 매우 대담한 제안을 했다. 공산당이 사라지면 베트남민주공화국이 '빨갛다'고 비난할 이유가 없어질 것이기 때문이었다.

호는 이러한 조치가 정말로 공산당 조직을 해체하는 것이 아니라 당은 비밀활동으로 잠입하는 것이라고 해설했지만, 확대 중앙상무위원회의 참가자는 호의 상상을 초월한 제안에 아연실색하고 누구도 아무런 발언을 할 수 없었다고 한다. 쯔엉 찐 서기장이 겨우 입을 열어 이것은 당의 기본원칙을 건드리는 너무나 큰 문제이기 때문에 당의 전국대회를 소집해서 결정해야 하지 않을지라는 의견을 냈다. 그러나 호는 이에 대해 "지금의 최고원칙은 민족 존망의 이익이다. 현시점에서 헤매어 결정이 지체되면 가령 한순간이라 하더라도 망국으로 이어질 우려가 있다."라고 결연히 말했다고 한다. 확대 중앙상무위원회는 이런 호의 단호한 태도로 자발적 해산선언을 할 것을 결정했다. 혁명을 성공시켜 권력의 자리를 차시한 공산당이 스스로 해산을 선언한다고 하는 국제공산주의운동 사상 유례가 없는 사건이 발생한 것이다.

인도차이나공산당의 해산 성명은 쯔엉 찐이 기안했다. 1945년 11월 11일 날짜로 발표된 성명은 당의 자발적 해산의 이유를 다음과 같이 설명했다.

① 역사적 조건, 세계정세와 국내 환경에 근거하여 지금이야말로 베트남이 완전한 독립을 획득할 천재일우의 기회라고 생각한다.
② 이 위대한 민족해방의 임무를 달성하려면 계급과 당파에 따라 구별하지 않는 모든 국민의 단결과 일치가 가장 중요한 요건이라고 판단한다.
③ 공산당원은 민족의 전위 전사이며 항상 전 국민의 해방사업을 위해 전심전력을 다해 희생하고, 나아가 계급적 권리 위에 국가적 권리를 두고 민족 공통의 권리를 위해서는 당파의 개별 이해를 희생할 용의가 있음을 분명히 하려는 조치이다.
④ (이 조치는 – 저자 주) 우리나라 해방의 앞길에 장애가 될 우려가 있는 국내와 국외에 존재하는 오해를 모두 풀기 위한 것이다.

인도차이나공산당 해산선언은 당 조직을 해체한 것이 아니었다는 점에서 어디까지나 위장해산이었다. 그러나 선언이 위장해산이었다는 것을 강조만 해서는 이해가 불충분할 것이다. 호찌민의 발언에도 또 성명에도 있듯이 민족의 이익을 공산당 이익의 위에 둔다는 발상이 작동한 점에 해산의 중요한 의미가 있었던 것이 아닐까. 이 점에선 해방선언을 통해 인도차이나공산당이 베트남 민족의 이익에 봉사하는 '민족 공산당'으로 변질했다고 볼 수 있을 것이다.

하지만 호찌민의 공산당에 있어 지도력은 이러한 자발적 해산선언을 받아들이게 하는 것에만 있는 것은 아니었다. 호의 또 하나의 큰 공헌은 안정된 당 지도부의 형성이라는 점에 있었다. 1945년의 당의 전국회의 시점에서 인도차이나공산당중앙위원의 구성은 다음과 같았다.

- 쯔엉 찐
- 호앙 꾸옥 비엣
- 응우옌 르엉 방
- 레 득 토Le Duc Tho
- 부 아인
- 쩐 당 닌Tran Dang Ninh
- 보 응우옌 잡
- 응우옌 찌 타인
- 쭈 반 떤
- 호앙 반 호안

1941년 제8차 중앙위원회에서 선출된 중앙위원 가운데 여기에 이름이 올라와 있지 않은 호앙 번 투와 풍 찌 끼엔은 이때까지 희생되어 왔기 때문에, 위의 구성원은 제8차 중앙위원회 선출자에다 그 후 이들을 보충하여 구성되었다. 이 시점에서 중앙위원은 여기에다 그 후 보충을 하게 되면 베트남전쟁이 종결되는 1970년대 중반까지 당의 중앙지도부를 구성하게 되며, 이 시기에 베트남인의 공산주의운동은 역사상 처음으로 안정된 중앙지도부 형성이라는 과제를 달성할 수 있었다. 호찌민은 공산당의 당무를 서기장인 쯔엉 찐에게 위임하는 자세를 취하고 중앙위원의 인사에 크게 관여했다고는 생각하지 않지만, 안정적 당 지도부의 형성 배경에는 호라는 구심력의 존재가 크게 작용했다는 것은 분명하다.

호의 강력한 지도력과 호에 대한 공산당 지도부의 신뢰 없이는 자발적 해산선언 등은 가능하지 않았을 것이며, 또 선언했다고 하더라도 공산당 내에 큰 혼란을 초래하여 이것이야말로 실질적인 당 해체로 이어졌을 것이다. 이와 같은 사태를 초래하지 않은 채 해산선언을 할 수 있었던 것은 역으로 공산당의 조직적 응집력이 향상하고 있었음을 증명해준다.

8. 선린외교와 동남아시아 속의 베트남

중국국민당군은 1946년 3월 베트남에서 철수하고 프랑스군이 북부에도 진주했다. 베트남민주공화국과 프랑스는 외교교섭으로 문제해결을 모색하지만, 이런 시도는 최종적으로 좌절됐다. 호찌민은 1946년 12월 19일 '전국 항쟁의 호소'를 발표, 프랑스에 대항한 독립전쟁이 본격화하게 됐다. 이것이 통상 제1차 인도차이나전쟁이라 불리는 전쟁이었다.

당시 베트남민주공화국은 인접 지역에 공산당이 지도권을 장악한

국가나 강력한 정치운동이 존재하지 않았다는 점에서 국제공산주의
운동에서 지리적으로 고립되어 있었다. 베트남인 공산주의자로서는
베트남 독립을 지지받는 과제를 국제공산주의운동과 연대하는 것뿐
아니라 더 폭넓은 틀 속에서 모색하지 않으면 안 되었다.

　이런 항불전쟁의 초기 시기, 베트남인 공산주의자가 국제적 동맹
자로 첫 번째로 거론한 대상은 프랑스 인민이었다. 이런 인식은 소련
을 포함한 세계의 대국이 베트남 문제를 기본적으로 프랑스의 문제
로 생각하고 있었다는 점, 또한 당시 프랑스 국내에서 프랑스공산당
이 유력한 정치세력이라는 점 등을 고려했을 것이다. 이러한 정세에
더해 호찌민은 베트남 독립의 과제를 일반 프랑스인의 공감을 얻는
형태로 실현하려고 구상하고 있었다는 점도 프랑스 인민이라는 요소
가 강조된 배경이었다. 호는 저항 전쟁의 적을 프랑스도 아니고 프랑
스 식민지주의 일반도 아닌, 침략적 프랑스 식민지주의 즉 무력으로
베트남민주공화국을 파괴하려는 세력으로 한정하면서 프랑스 연합
내에서의 독립을 고려하는 자세를 취했다. 이러한 독립은 베트남이
독자의 정부, 군대, 외교권을 가진 국가이자 베트남 세 지방을 통일
한 국가라는 것을 승인해준다면 프랑스와 관계를 단절하지 않는 형
태로 독립을 고려하겠다는 것이었다. 이처럼 베트남 침략을 시도하
고 있는 나라 사람들의 눈에 베트남이 어떻게 비치는지 고려하는 시
점을 가질 수 있었던 점은, 호와 베트남민주공화국의 지도부에게 정
부와 인민의 구분이라는 국제공산주의운동의 상식을 넘어서는 유연
성을 부여했다.

　베트남인 공산주의자가 두 번째로 국제적 동맹자로 고려한 대상
은 독립을 찾아 싸우고 있던 이웃 여러 나라의 국민이었다. 여기에는

중국에서 동남아시아 여러 나라 및 인도에 이르기까지의 모든 국민이 포함되었다. 특히, 인도도 포함한 넓은 의미의 동남아시아는 제2차 세계대전 후 세계에서 가장 빠르게 민족해방운동이 고양되고 있던 지역이었다. 베트남이 이러한 지역과 자신을 연계하려 했던 것도 자연스러운 과정이었다. 동남아시아라는 지역 개념은 제2차 세계대전 기간에 이곳을 점령한 일본에 대항하여, 연합군

호찌민과 프랑스의 비도 총리(1946.7)

이 동남아시아 전구戰區를 설정하면서 국제적으로 알려진 새로운 지역 개념이었다. 인도차이나공산당중앙이 1945년 11월 25일에 내린 지시는 "피억압민족과 식민지지배 간의 모순은 동남아시아에서 가장 격렬하고 현재도 인도차이나 백성, 인도네시아 백성의 민족해방투쟁과 인도에서 유혈 데모가 발생하고 있다."라고 하면서 재빨리 이 지역에 대한 관심을 드러냈다.

항전이 본격화된 직후인 1947년 1월 13일, 호찌민은 '중국, 버마, 시암, 전 아시아의 지도자 여러분, 전 인민, 프랑스와 프랑스 식민지의 인민, 전 세계의 민주인사' 앞으로 서간을 보냈는데, 그 가운데에 "베트남은 아시아의 대가족의 일부이다. 베트남의 운명은 아시아의 모든 민족의 운명과 매우 밀접한 관계가 있습니다. 프랑스 식민지주

의가 베트남을 제압하려는 것은 우리들의 아시아 대가족을 파괴하려는 것을 의미합니다."라고 표명했다.

호는 이런 인식에 서서 같은 해 3월부터 4월에 걸쳐 인도세계문제협회 주최로 뉴델리에서 개최된 아시아관계회의Asia Relations Conference에 베트남민주공화국의 대표를 파견했다. 당시는 아직 베트남민주공화국이 세계 어느 나라로부터도 승인을 받지 못한 때로 재외대표부를 설치한 곳은 파리, 프라하와 방콕 및 랑군(역주: 현재의 양곤)이었다.

특히, 인도차이나 3국의 프랑스 저항에 공감해주고 있던 자유타이 정부가 자리한 방콕은 중요한 의미를 지니고 있었다. 먼저, 타이는 캄보디아와 라오스와 함께 남방상좌불교의 나라이며 양국과는 프랑스 식민지 형성 이후에도 밀접한 관계에 있었기 때문에 항전 초기 베트남인 공산주의자는 이곳에서 캄보디아와 라오스의 항전 세력과 연대 관계를 구축했다. 더욱이 타이는 베트남민주공화국이 세계로 나가는 창구로서도 중요한 외교거점으로 1948년에 공산당중앙위원의 호앙 반 호안을 책임자로 하는 인도차이나공산당중앙간사회가 이곳에 설치되었다. 신생 베트남민주공화국은 이웃 여러 나라와 연대하는 것을 중시하여, 넓은 의미에서 동남아시아 지역 속에 자신을 자리매김하는 '지역국가'의 길을 모색하고 있었다.

9. 식자운동의 의미

호찌민이 베트남민주공화국 독립선언 때부터 많은 정력을 쏟아부은 과제에 식자운동이 있다. 호는 1945년 10월 다음과 같은 호소를 했다.

"정부는 1년 이내에 모든 베트남인이 꾸옥 응어의 글자를 익히지 않으면 안 되는 기한을 설정했습니다. …… 베트남인은 누구라도 국가건설사업에 참가하기 위해 자신의 권리, 자신의 본분을 이해하지 않으면 안 되며, 이를 위해서는 먼저 꾸옥 응어의 문자를 읽고 쓸 수 있어야 합니다."

호찌민의 호소는 8월혁명 직후의 열기가 식지 않은 상황에서 국민의 적극적인 반응을 끌어냈다. 정규 학교 이외에 이르는 곳마다 식자 교실이 나타났고, 그 가운데에는 시장 입구에 검문소를 만들어서 자신의 이름을 쓸 수 있는 사람만 시장에 들여보내는 경우까지 나타났다.

그런데 여기서 꾸옥 응어로 불리는 것은 베트남어의 로마자 표기법을 말한다. 가톨릭 선교사가 고안해낸 문자를 행정과 교육의 장에 도입한 것은 프랑스 식민지정권이었다. 그래서 민족주의적인 베트남 지식인은 처음에 이 표기법의 사용을 거부했다. 그러나 20세기 초 민족운동이 대중의 계몽이라는 과제를 자각하게 되자, 한자 및 한자의 부수를 조합해 만들어진 베트남 문자인 쯔 놈과 비교할 때 로마자 표기법의 간편함을 민족주의자도 인정하지 않을 수 없었다. 그래서 민족주의자를 포함한 베트남인은 로마자 표기법을 '꾸옥 응어'(한자로 바꾸면 國語)로 부르고, 이것이 풍부한 표현능력을 가진 언어로 성장할 수 있도록 자각적인 노력을 시작했던 것이다.

꾸옥 응어의 표현능력은 향상되고 제2차 세계대전 시기까지는 소설 등의 문학작품도 다수 탄생하게 되었지만, 식민지 시대의 우민화 정책 때문에 베트남인 가운데 식자 인구는 지식인과 일부 도시민 등 인구의 1할 정도에 한정되어 있었다. 꾸옥 응어가 베트남인 대중 사이에 널리 뿌리내리는 것은 그것을 국가의 언어로써 채용한 독립 베트남의 출현을 기다려야 했다.

꾸옥 응어를 국가언어로 하는 베트남민주공화국의 출현은 베트남의 언어 역사상 획기적인 의의가 있었다. 전통 왕조는 공문서를 한자·한문으로 표기했다. 이것이 마을에 하달되었을 때는 지식인이 한문을 베트남어로 번역하여 구두로 사람들에게 전달했다. 이런 번역자를 필요로 하는 사정은 프랑스어를 행정용어로 하는 식민지 시대에도 이어졌다. 따라서 꾸옥 응어를 국가언어로 하는 베트남민주공화국의 출현은 국가의 공문서를 그대로 읽을 수 있으며 마을 사람에게도 통하는 첫 국가의 탄생을 의미했다.

프랑스의 언어정책은 한자·한문이 차지하고 있던 지위를 프랑스어가 대신하는 것이었기 때문에 한자·한문의 교양을 묻는 과거 시험은 1919년에 폐지되었다. 그러나 말단의 마을 수준에서 상급관청에 올리는 문서는 어떤 문자로 쓰든지 마지막에는 프랑스어로 번역할 필요가 있었기 때문에 종종 한문으로 쓴 것도 있었다. 이런 풀뿌리 수준의 한문을 일소하게 된 것은 번역자를 필요로 하지 않는 국가인 베트남민주공화국의 탄생으로 가능해졌다.

이런 점에서 호찌민이 제창한 식자운동은 베트남이 중화문명에서 이탈하는 것을 의미했다. 호 자신은 한자의 소양이 있고 한시를 좋아해 시를 짓기도 했지만, 동시에 꾸옥 응어에 한어 기원의 말을 남용하는 것을 대중 언어인 꾸옥 응어의 이점을 해치는 지식인의 '글자를 입으로 하는 병폐'(글자는 한자를 말함)라고 비판했다. 구어 베트남어가 꾸옥 응어라는 표기법을 획득하여 그 우위가 확립된 것은 베트남사에 있어 대중의 언어, 토착의 언어가 승리한 것을 의미했다. 이런 대중성, 토착성을 베트남 기층문화의 동남아시아적 성격으로 부른다고 한다면, 이 시기 국제적으로 동남아시아 속에 자신을 자리매김하기 위한 외교적 노력을 하고 있던 베트남민주공화국은 안으로도 동남아시아적 성격을 강화하고 있었던 것이다.

꾸옥 응어와 호찌민 간의 관계에 대해 또 하나의 일화가 있다. 외국에서 오랫동안 생활했던 호는 꾸옥 응어 표기법의 국제화와 간소화를 주장했다. 그것은 어두자음의 표기법이었다. 예를 들면, 통상의 꾸옥 응어 정자법에선 D는 자행의 어두자음을 나타내고 다행은 Đ로 표시했지만, 호는 1927년의 《혁명의 길》 이래 일관되게 자행의 음을 표시하는 어두자음에는 Z의 표기법을 사용했다(역주: 베트남어의 어두자음 D는 한글 자음의 ㅈ, Đ는 한글 자음의 ㄷ에 해당한다). 그러나 호의 이러한 꾸옥 응어 표기법은 베트남민주공화국에서 꾸옥 응어 교육에 정식으로 채택되지 않은 채 오늘에 이르고 있다. 최근 들어 영어 표기의 명함을 만드는 베트남인이 증가하면서 이 가운데 자행의 D를 Z로 표기하는 사람도 늘고는 있지만, 이것은 여전히 정서법으로 간주하지 않는다. 이런 사실은 호의 지도력의 존재 방식을 고려하는 데 있어 흥미로운 에피소드이다. 호 자신이 합리적이라 생각해도 다수가 납득하지 않는 방식을 권력을 배경으로 강제하는 데 신중했던 것이다.

10. 호찌민전의 기원

호찌민은 1945년 9월 2일 하 노이의 바 딘 광장에서 독립선언문을 낭독할 때 낡아빠진 카키색의 옷과 샌들의 모습으로 국민 앞에 모습을 드러냈다. 이 스타일은 그 후의 호찌민을 상징하게 된다.

시라이시 마사야는 호찌민의 지도자상에 관한 연구에서, "그는 위풍당당한 혁명가, 장엄한 정부 수뇌의 스타일을 취하는 것을 의식적으로 피했다. 그 대신 어디에서나 볼 수 있는 시골의 노인, 평상복을 입은 지도자 스타일을 자각적으로 선택했다."라고 지적했다.

8월혁명의 총봉기 가운데 다수의 베트남인은 자신 및 주변 사람들이 다시 태어났다고 느꼈다. 이런 변화의 집합이 베트남 국민이라는 새롭게 발견된 집단성이었다. 베트남민주공화국의 유명한 작가인 응우옌 딘 티Nguyen Dinh Thi는 이 집단성을 "우리 한 사람 한 사람은 이제 분열된 채 살아가는 나약한 존재가 아니다. 우리 전체를 우리의 가족과 마을 그리고 인근 지역을 감싸주는 무엇인가를 우리는 발견했다. 그것이 국민이다."라고 설명했다.

이러한 국면에서 베트남 국민의 최고지도자가 베트남 마을의 촌장을 연상케 하는 국민과 거리감이 없는 '늙은 아버지'로 등장한 것은 절묘한 효과를 발휘했다.

찰스 펜Charles Fenn은 호찌민의 카리스마 성을 '호찌민다움'이라는 말로 표현했듯이, 그것은 호의 고난의 여행과 해방운동의 과정에서 뚜렷이 눈에 보이듯 매우 구체적인 에피소드의 누적으로 형성되었다.

지금까지 나온 호찌민의 전기 가운데 베트남민주공화국 건국 직후까지 호가 걸어온 여정을 생생하게 묘사하고 있는 책은 쩐 전 띠엔Tran Dan Tien이 쓴 《호 주석 활동의 인생 이야기》이다. 이 책의 초판은 1949년에 쩐 응옥 자인Tran Ngoc Danh이라는 작가명으로 출판된 《호 주석 소사》라는 소책자로 이후 1952년까지 3권으로 나눠

출판되어 《호 주석 활동의 인생 이야기》의 원형이 되었다. 작자인 쩐 응옥 자인이 어떤 인물인지 상세하게는 모르지만, 베트남민주공화국의 제1기 국회에서 남부 껀 터에서 선출된 쩐 응옥 꾸에Tran Ngoc Que와 동일 인물로 보인다. 어쨌든, 내용으로 판단해 볼 때 이 책의 집필에 호가 적극적으로 관여하고 있었던 것 같다.

제1장에서 소개한 '공자의 학설은 개인의 도덕 수양을 존중하고 있다'는 데 훌륭한 점이 있다'라고 한 호의 발언은 쩐 응옥 자인 이름의 원본에는 있지만, 현재의 쩐 전 띠엔 이름의 책에는 수록되어 있지 않다. 이러한 양자의 비교는 베트남에서 호찌민 신화의 형성과정 연구에 매우 흥미로운 과제이지만 여기서는 더 이상 언급하지 않기로 한다.

쩐 응옥 자인 책의 기본적인 성격이 이미 호찌민의 반생을 많은 에피소드의 누적으로 그려내는 스타일을 취하고 있다는 점이 중요하다. 이것은 낡아빠진 카키색 옷과 고무 샌들과 똑같은 효과를 발휘했을 것이다. 이 책의 집필에 호 자신이 깊이 관여하고 있었다면, 호는 어떤 스타일의 지도자를 국민이 요구하고 있었는지 이해하고 그것을 연출해 낼 수 있는 탁월한 능력을 소유한 인물이었다.

11. 냉전의 그림자

이처럼 호찌민의 지도하에서 독자의 길을 걷고 있던 베트남도 냉전이라는 새로운 국제정세의 큰 변화 속에 휘말려 들어갔다. 베트남인 공산주의자가 세계의 양대 진영으로 분열된 냉전적 국제정세관을 수용한 것은, 코민포름이 1947년 9월 결성된 후인 1948년 1월에 개최된 인도차이나공산당 확대 중앙위원회에서였다. 인도차이나공산당은 이러한 국제정세관을 가지고 1948년 8월에 개최한 제5차 중앙간부회의에서 국제공산주의운동에 있어 제2차 세계대전 후의 새로운 혁명의 존재방식으로 간주하던 인민민주주의혁명론을 채택하고 당면한 인도차이나혁명의 성격을 인민민주주의혁명으로 규정했다. 그러나 이 시기부터 1949년 10월 중화인민공화국의 성립까지 베트남의 항전이 국제공산주의운동에서 지리적으로 고립된 상태에는 변화가 없었다. 그래서 베트남인 공산주의자는 이런 새로운 국제정세관과 혁명의 성격 규정이 베트남의 실제 운동에 큰 변화를 초래하는 것을 신중하게 피했다.

당시의 국제공산주의운동 전체의 상황에서 보면 호찌민이 채택한 베트남의 노선은 상당히 독특했다. 첫째, 민족해방을 위한 국민적 단결을 중시하여 반봉건의 과제인 지주제 폐지를 내용으로 하는 토지혁명을 당분간 보류했다. 이것은 반봉건은 물론이고 사회주의혁명의 연속적 전환까지 전망한 인민민주주의혁명론에서 보면 매우 이례적인 방식이었다. 둘째, 모스크바방송이 '인도차이나공산당의 지도하에 싸우는 영웅적 베트남 인민'이라는 표현을 사용하기 시작한 때에, 당사자인 인도차이나공산당은 겉으로는 해산선언을 한 채로 비공개된 존재였고 베트남민주공화국 정부도 공산당 정권이 아닌 애국자의 정부임을 강조했다.

코민테른의 활동가였던 호찌민은 이런 노선이 베트남의 현실에 적합하다고 생각하고 있었으면서도, 유고슬라비아공산당처럼 스탈린의 노여움을 사서 인도차이나공산당이 국제공산주의운동에서 이

단 분자로 취급받는 것을 피하려 했다. 그래서 호는 인도차이나공산당의 국제정세관과 혁명의 성격 규정을 국제공산주의운동에 보조를 맞추는 한편, 토지혁명을 당면과제로 하지 않고 공산당도 드러내놓고 내세우지 않는 독자적인 길을 유지하는 방법을 취했다.

유럽에서 발생한 냉전에 대처하는 데는 이러한 차원에서 해결될 수 있었다. 하지만 중화인민공화국의 성립은 호찌민과 베트남인 공산주의자에게 실제의 운동과 관계되는 보다 실질적인 전환을 강요했다. 중화인민공화국의 성립은 인도차이나의 근린 지역에 거대한 지원국이 탄생한 것을 의미했다. 프랑스와의 항전이 장기화하고 있는 상황에서 싫든 좋든 중화인민공화국에서 지원을 획득하는 길 이외에 유효한 선택지는 존재하지 않았다. 호가 베이징과 모스크바 방문으로 부재중이던 1950년 1월부터 2월에 걸쳐 개최된 인도차이나공산당 제3차 전국회의에서 중화인민공화국의 수립으로 "우리는 이제 포위되어 있지 않으며 베트남의 문은 세계를 향해 열려 있다."라고 한 후, 베트남이 "동남아시아 민주 진영의 전선 기지"이며, 베트남민주공화국은 "소련을 선두로 한 세계 민주 전선의 편에 선 국가"로 명시할 필요성이 강조됐다. 이로써 호 독자적인 길 유지는 이제 매우 곤란해졌다.

제5장

'호 아저씨'의 영광과 한계

1960년대의 호찌민

제1차 인도차이나전쟁은 동서냉전의 틀에 편입되었기 때문에 장기화되었지만 1954년의 디엔 비엔 푸 전투에서 베트남군이 승리함으로써 마침내 종결로 향했다. 그러나, 이 전쟁에 종지부를 찍은 제네바협정으로 베트남은 일시적으로 남북으로 분단되었다. 미국은 협정으로 탄생한 남베트남이라는 공간을 냉전 하 자유세계의 보루로써 공산주의자의 위협에서 지키려고 했다. 이로써 이번에는 세계 최강의 초대국을 상대로 한 베트남전쟁이 시작되었다.

　베트남노동당이 1959년 남베트남에서 무장투쟁의 발동을 결정하자 응오 딘 지엠 정권의 압정에 대한 반발이 고조되고 있던 남에선 반정부운동이 단번에 고양되어, 이듬해 1960년 12월의 남베트남해방민족전선(역주: 비엣 꽁)의 결성으로 이어졌다. 이러한 움직임은 미국의 케네디John F. Kennedy정권을 당황하게 만들었다. 케네디 정권은 제네바협정의 구속을 벗어난 군사고문단의 파견 등 남베트남 지원을 강화했다. 그러나 미국의 지원 강화는 오히려 응오 딘 지엠 정권의 독재적 경향을 강화해, 이에 대해 도시 불교도의 반발이 확산한 1963

년 11월 응오 딘 지엠 정권은 군부의 쿠데타로 타도되었다.

응오 딘 지엠 정권의 타도는 남베트남의 위기를 바꾸지는 못하고 새로운 정권을 장악한 군부의 내분이 계속되는 가운데, 미국은 남베트남을 구원하기 위해 이제 자신의 군사개입 이외에 다른 방법이 없다고 생각했다. 미국은 1964년 8월 발생한 통킹만사건으로 북베트남에 대해 처음으로 공폭을 시작하고, 이듬해 1965년 2월에 북베트남 폭격(북폭)을 계속 실시했다. 그해 3월에는 남베트남에 미군 첫 전투부대를 투입했다. 북베트남은 이에 대항해 그때까지 보류하고 있던 정규군인 베트남인민군 전투부대의 남하를 결정했다. 이런 가운데 존슨Lyndon B. Johnson 대통령은 1965년 7월 이제 미군을 대량으로 남으로 투입하는 이외에 타개할 길은 없다고 판단했다. 이로써 베트남전쟁은 가장 많을 때는 50만 명을 넘는 미군이 참전한 냉전 시대 최대의 국지전쟁으로 확대되었다.

호찌민은 이런 때에 '호 아저씨'로서 국민적 존경의 대상이 되어 프랑스, 미국과 싸우는 상징으로써 베트남 해방운동에 없어서는 안 될 인물이었다. 이와 동시에 그는 제2차 세계대전 후의 세계에서 가장 대표적인 민족해방투쟁의 지도자로서 세계 다수의 사람에게 알려져 존경을 받았다.

그러나 냉전구조는 앞장의 끝부분에서 언급한 대로 호찌민이 베트남에서 호 독자의 발상을 살린 지도력을 발휘할 수 있는 여지를 좁혔다. 베트남은 동남아시아라는 새롭게 탄생한 지역 가운데에 자신을 자리매김하는 '지역국가'로서의 발걸음을 중단하고, 사회주의라는 인류보편의 진리를 구현하는 '보통국가'로서의 길을 선택했다. 소국 베트남이 냉전 시대에 프랑스와 미국이라는 대국을 상대로 한 전쟁에서 승리하기 위해 선택할 수 있는 유일한 길이었다. 베트남에선 제네바 협정 후부터 1960년대에 걸쳐 토지혁명에서 사회주의를 건설한다는 일련의 사회개혁이 시행되지만, 그것은 기본적으로 중국과 소련이라는 사회주의 진영의 대국 모델을 충실하게 따라 이뤄졌다.

호찌민은 1951년에 정식으로 베트남노동당의 주석으로 선출되어 1969년 타계할 때까지 국가와 당의 쌍방에서 베트남의 최고지도자였다. 이번 장에서는 이런 시대에 있어 호의 영광과 한계에 대해 검토하고자 한다.

1. 세계혁명의 총사령관 스탈린, 아시아혁명의 총사령관 마오쩌둥

류샤오치는 1949년 11월 베이징에서 개최된 아시아·오세아니아 노동조합회의에서 중국혁명의 경험을 ① 광범한 민족통일전선, ② 통일전선에 대한 공산당의 지도, ③ 강고한 공산당, ④ 무장투쟁과 근거지의 4가지 항목으로 정리했다. 이러한 중국모델 내지는 '마오쩌둥의 길'은 스탈린으로부터도 아시아혁명의 보편적인 모델로 인정받았다. 중화인민공화국 성립 직후 중국혁명의 위신은 높았다. 중국의 경험은 아시아 각국 공산당으로부터 높은 평가를 받았지만, 베트남인 공산주의자는 중국모델을 수용하는데 유달리 빠르고 명확한 자세를 취했다. 이것은 베트남이 당시 항불전쟁의 곤란한 상황에 있었고 중국으로부터 지원받을 필요성이 높았다는 사정으로 규정되었지만, 동시에 호찌민이라는 국제정세의 변화에 매우 민감한 지도자의 존재에 의한 것이 컸다. 국제정세의 변화에 기민하게 대응하는 점은 호가 가진 국제주의의 하나의 특징이었다. 이것은 베트남혁명에 크게 공헌하지만, 때에 따라서는 호가 그의 독창성을 발휘할 가능성을 스스로 제약하는 측면도 있었다.

호찌민은 1950년 1월 14일 베트남민주공화국을 대표하여 국가로서의 승인과 외교관계의 수립을 요청하는 호소를 했다. 중화인민공화국은 이에 응하여 1월 18일 세계에서 처음으로 베트남민주공화국을 국가로 승인했다. 그 다음 날인 19일, 호는 중월국경을 넘어 중국에 들어가 베이징을 거쳐 모스크바로 향했다. 당시 마오쩌둥도 소련을 방문하고 있었다. 첸장의 회고에 의하면, 스탈린이 마오쩌둥에게 "호가 어떤 인물인지 모르고, 그가 마르크스주의자인지조차도 모른다."라고 고백했다고 한다. 그래서 마오쩌둥의 주선으로 스탈린과 호찌민의 회담이 실현된 자리에서, 호는 베트남에 고문 파견을 포함한 원조를 요청했지만 스탈린은 동의하지 않았다고 한다.

이에 대한 우슈첸의 회고는, 중소우호동맹원조조약이 체결된 후인 2월 14일인지 16일에 중소의 양당 대표단의 연회에 호찌민이 모습을 드러냈을 때의 상황을 언급했다. 그에 의하면, 호가 "중국의 동지들과 조약을 체결한 좋은 때이니 우리와도 조약을 체결하자"라고 말을 꺼내자, 스탈린은 호의 방소가 비밀방문인 점을 거론하면서 "당신네가 어디에서 잠입해 들어왔는지 질문을 받으면 어떻게 하겠소"라고 대답했다. 호는 그의 말을 받아서 비행기를 한 대 빌려주면 한 바퀴 돌아서 모스크바로 되돌아올 테니 그때 맞이해 주면 된다고 응수했다. 스탈린은 "그 참 동양인 특유의 상상력이다."라고 말하면서 친근한 표정으로 웃었다고 한다.

이들의 회고가 얼마만큼 정확한지는 분명하지 않다. 예를 들면, 스탈린이 호씨민이 어떤 인물인지 몰랐다는 부분은 있을 수 없는 이야기이지만 호의 경력을 그다지 높게 평가하지 않았던 것은 확실한 것 같다. 또한 호가 방소했을 때 스탈린은 베트남민주공화국을 승인(1월 30일) 했지만, 그는 뒤에 '서두른 결정'이었다고 후회했다는 설도 있다. 어쨌든 중국 측과 베트남 측 관계자의 회고를 통해 거의 분명해진 사실은, 호의 방소 시 스탈린은 소련이 베트남을 직접 지원해달라는 그의 요청을 거절하고 베트남 지원의 과제는 중국의 임무라 했다는 것이다. 이런 소련, 중국, 베트남 3국 정상의 협의를 거쳐, 마오쩌둥과 호찌민은 3월 베이징으로 돌아와 중국의 베트남 지원에 관한 합의에 도달했다.

호찌민의 방중, 방소의 결과를 받아 든 베트남인 공산주의자가 중국모델을 수용한 장이 된 회의는 이듬해인 1951년 2월에 개최된 인도차이나공산당 제2차 대회였다. 대회는 호 자신이 정치보고를 행한 유일한 대회이기도 했는데, 그때까지 지하에서 잠행해 있던 인도차이나공산당 내의 베트남인 당원에 의해 베트남노동당을 형성하고, 그것을 공개적으로 드러낼 것을 결정했다. 결정은 앞에서 소개한 류샤오치의 네 번째 항목의 테제에 비추어 볼 때 공산당이 지하에 잠행해 공개적으로 활동하지 않는 상태가 비정상인 것으로 간주해, 베트남인 공산주의자가 이 문제를 해결하는 조처를 내린 것을 의미했다.

대회에서 탄생한 베트남노동당은 '지역공산당'이었던 인도차이나공산당과 달리 당원의 자격을 자국민으로 한정시킨 '국민 공산당'이었다. 그리고 베트남노동당은 규약에서 '당의 사상적 기반, 행동의 지침'으로서 '마르크스·엥겔스·레닌·스탈린주의'와 나란히 마오쩌

인도차이나공산당 제2차 대회

둥사상을 내세웠다. 그리고 호찌민은 대회의 발언에서 스탈린을 '세계혁명의 총사령관', 마오쩌둥을 '아시아혁명의 총사령관'으로 불렀다. 이것은 지난해 모스크바에서 협의한 결과에 입각한 발언이었다.

여기서 호찌민과 베트남인 공산주의자가 마오쩌둥사상과 중국모델을 중국 특유의 모델이라기보다 국제공산주의운동으로 인지된 보편적 모델로서 수용한 것에 주의하지 않으면 안 된다. 그것은 대회에서 호가 "중국혁명의 경험 덕분에, 마오쩌둥사상 덕분에, 우리는 마르크스·엥겔스·레닌·스탈린주의를 잘 이해하게 되었다. 그 덕분에 우리는 여러 승리를 거둘 수 있었다."라고 발언한 것에서도 분명히 드러난다.

하지만, 대회의 시점에선 베트남이 노동당을 공개하면서 소련·중국으로 연결되는 민주진영의 일원임이 강조되었지만, 마오쩌둥사상과 중국 모델이 베트남의 운동에 큰 변화를 일으키는 것에는 계속해서 신중을 기했다. 대회는 당면한 베트남혁명을 민족인민민주주의혁명이라는 규정을 부여했다. 여기서 혁명은 민족해방, 봉건적 착취의 일소, 사회주의 이행의 기초형성이라는 세 가지 임무를 가진 혁명이라는 의미이지만, 베트남노동당은 대회의 시점에서 여전히 토지혁명 시행을 유보하고 있었다.

게다가 새로운 당명을 공산당이 아닌 노동당으로 한 것에도 호찌민의 신중함이 반영되어 있었다. 당명은 두 가지 고려가 겹친 결과로 채택되었다. 하나는 장래의 과제로 여겨지던 사회주의·공산주의에 대한 태도가 통일전선을 분열시키려는 것을 피하려는 국내적 배려에서, 다른 하나는 베트남혁명의 국제적 위치를 민족인민민주주의혁명의 낮은 단계를 당면의 과제로 하는 민주진영의 '막내'(저자 주: 호가 대회에서 한 발언)로 자리매김하는 겸손함이었다. 대회는 이런 점에서 민족해방을 우선하는 베트남 독자적인 길의 최후의 일선은 지켜냈다고 할 수 있다.

2. 토지혁명의 혼란과 정리

베트남노동당이 이런 최후의 일선을 넘어 빈농과 농업노동자를 고용한 지주에 대한 계급투쟁으로서 대중동원을 동반한 토지혁명의 발동이라는 중국 모델 실시를 결정한 것은 항불전쟁 말기인 1953년 1월에 개최된 제2기 제4차 중앙위원회 총회에서였다. 동 중앙위원회 총회는 "우리는 베트남의 민족인민민주주의혁명에 있어 기본임무가 반제와 반봉건에 있다는 것을 명확히 파악하지 못하고, 우리 혁명의 기본적인 세력이 농민이라는 것을 명확히 인식하지 못했다."라고 했다. 이러한 인식은 그때까지 항전을 위해 광범한 민족통일전선이 필요하며 이를 위해 통일전선 참가자의 내부에 대립을 초래할 우려가 있는 격렬한 계급투쟁을 동반한 토지혁명은 피해야 한다는 생각과 전혀 달랐다.

토지혁명은 제네바협정 체결 후 북베트남에서 본격적으로 실시되었다. 베트남노동당은 쯔엉 찐 서기장을 위원장으로 하는 중앙토지개혁위원회를 설치하여 실시했다. 각급의 토지개혁위원회에는 중국인 고문이 초청되어 중국의 경험을 배우려는 형태로 전개되었다. 토지혁명은 1956년 7월까지 북베트남의 평야 지대에서 기본적으로 완료됐지만 그 과정에 많은 문제가 발생했다.

첫 번째는 농촌 인구의 5%가 지주인 중국의 경험이 기계적으로

지주 규탄의 대중대회

도입된 결과, 실제로는 중농까지 지주로 판정받아 토지몰수와 타도의 대상이 되었다는 점이다. 지주로 판정받은 농민은 모두 6만 3,113호였지만, 지주는 실제로 그보다 약 반 이상 적은 3만 6,269호에 불과했다. 또한 토지혁명과 함께 실시된 조직정돈공작 과정에서 기존 농촌 소재 당 조직의 다수가 착취계급분자가 많다는 이유로 해체되고, 마을에서 항전을 지탱하고 있던 사람들까지 '악랄한 토호'의 딱지가 붙여져서 체포·감금된 사태가 발생했다. 일부에선 인민재판으로 처형되었다. '악랄한 토호'로 규탄의 대상이 된 사람은 1만 4,908명, 토지혁명 과정에서 체포·감금되어 1957년이 되어서야 석방된 사람은 2만 3,748명에 달했다.

토지혁명에 관해서는 1995년에 출판된 마르크스·레닌주의·호찌민사상연구소 간행의 최신 공식 공산당사에서는 항불전쟁 과정에서 지주계급의 세력은 약화하였고, 7할 이상의 경지가 농민의 소유가 된 당시의 상황에서 대중동원으로 지주를 타도하는 형태로 실시된 토지혁명은 불필요했다고 총괄했다.

이전에는 토지혁명에서 자신의 토지를 획득한 빈농과 농업노동자 출신 병사가 디엔 비엔 푸 전투에서 용감하게 활약했다는 이미지가 강조되었지만, 실제 디엔 비엔 푸 전투에 참여한 병사가 고향에 돌아와 보니 가족이 '지주·토호' 취급을 당해 재산을 빼앗겼다는 이야기도 적지 않았다.

이야기를 당시로 되돌려 보면, 이와 같은 과도한 토지혁명은 농촌에 불안한 분위기를 조성했다. 노동당 지도부가 과오를 깨달은 것은 1956년 4월이었다. 쯔엉 찐 서기장이 중앙토지개혁위원회의 책임자였기 때문에 토지혁명의 시정에는 호찌민이 관여했다. 호는 1956년

토지를 획득한 농민

8월 18일 농촌 동포 앞으로 보낸 서간에서 과오를 인정하고 시정할 의사를 표명하고, 8월 25일부터 노동당 제2기 제10차 중앙위원회 총회를 소집했다. 호는 총회에서 "회의는 완벽을 구하지 말고 긴급히 잘못을 검토하여 시정해야 한다."라고 말하고, "우리에게는 민주가 빠져 있어서(저자 주: 타인의 의견을) 듣는 것이 적고, (현실을) 보는 것이 적었다. 이렇게 폭풍이 불고 있는 때 나는 책임 질 각오가 되어 있다. 모든 중앙위원은 이처럼 타인의 의견을 듣고 현실을 직시하여 책임을 져야만 한다."라고 지적했다. 중앙위원회 총회의 토지혁명에 대한 토의는 9월 15일까지 계속되지만, 총회는 당의 책임을 명시하기 위해 쯔엉 찐의 당 서기장 해임 등 중앙토지개혁위원회의 책임 있는 지위에 있던 당 간부의 처분을 결정했다. 그리고 서기장 직은 호가 당분간 겸무했다.

호찌민이 토지혁명의 과오 시정에 큰 역할을 담당한 것은 확실하지만, 그런데도 호가 왜 중국의 경험을 기계적으로 적용하는 형태로 한 토지혁명을 저지하지 못했겠느냐는 문제는 여전히 남는다. 베트남공산당의 기관지인 《년 전》Nhan Dan의 편집장으로 오랫동안 근무했던 호앙 뚱Hoang Tung은 외부의 작용으로 토지혁명이 시작될 쯤부터 호찌민의 올바른 노선을 '우경', '적과 아군의 혼동', '계급적 입장이 애매' 등으로 비난하는 경향이 당내에서 생성되었다고 지적했다. 1951년의 당대회에서 마오쩌둥사상이 당 규약으로 명기된 것은 호에게 스탈린의 재가를 받아 이루어진 중국의 베트남 지원을 확보하기 위한 수단에 지나지 않았을는지 모르지만, 현실적으로 베트남노동당 내부에서의 영향은 커서 문자 그대로 당의 사상적 기반, 행동의 지침이 되어 버렸다. 게다가 호가 독재적인 지도자가 아니라 중요한 과제를 제자에게 위임하고, '개인은 집단을 따른다'라는 당의 조직원칙에 충실한 인물이었던 것도, 국제공산주의운동의 정통모델에 대한 저항력을 해치는 결과로 연결되었던 것 같다.

3. 신속하게, 힘차게, 견실하게

 베트남노동당은 민족인민민주주의혁명론을 채택한 1951년의 당대회 시점에서 반봉건 과제의 전면적인 해결에 신중한 자세를 취했기 때문에 한층 더 사회주의혁명으로 발전 전환하는 것에 대해서는 온건한 전진의 사고방식을 취했다. 호가 대회에서 행한 정치 보고도 혁명을 민족해방을 달성하는 제1단계, 반봉건·반봉건적 잔재를 일소하는 제2단계, 사회주의를 향한 기초를 건설하는 제3단계로 구분하여, 제2의 인민민주주의혁명이 하나의 단계로서 장기간 지속될 것으로 가정했다.

그러나 이런 온건한 전진론도 국제적 상황이 변하자 곧바로 포기되었다. 1957년 11월 모스크바에서 개최된 사회주의 12개국 공산당·노동자당대표자회의는 1956년 개최된 소련공산당 제20차 대회에서 스탈린이 비판받은 이후에 발생했던 사회주의 제국의 혼란에 종지부를 찍고, 사회주의 진영의 결속을 과시하는 회의가 되었다.

베이징에서 만난 호찌민과 마오쩌둥(1955)

회의 결과를 수용하여 1957년 12월에 개최된 베트남노동당 제2기 제13차 중앙위원회 총회에선 북베트남의 사회주의적 개조의 시행이 결정되었다. 그런데도 초기의 계획에선 개조가 점진주의적이기 때문에 농업에서도 단기적 호조조互助組, 항시적 호조조를 통해 초급합작사를 건설하는 것이 구상되었다. 하지만 중국에서 1958년에 대약진이라는 급속한 사회주의화의 시도가 전개되자, 베트남에서도 점진주의는 1958년 11월에 개최된 제2기 제14차 중앙위원회 총회에서 포기되었다. 동 총회에선 초급합작사화를 1960년까지는 기본적으로 달성하는 등 급속한 생산관계의 국유화, 집단화를 축으로 빠른 속도로 사회주의적 개조를 달성하여 사회주의 건설에 돌입한 것으로 전망되었다. 이런 생각은 1960년 베트남노동당 제3차 대회에 계승되어 북베트남에선 1961년 시작되는 제1차 5개년계획에서 사회주의 건설을 향한 착수가 목표로 설정되었다.

그렇다면 호찌민 자신은 급속한 사회주의화를 어떻게 생각하고 있었을까. 하나의 측면은 호찌민이 1920년대 전반에 공산주의 수용에 대해 아시아가 유럽보다 선행할 가능성을 지적한 점에서 볼 수 있듯이 베트남을 비롯한 아시아에서 사회주의·공산주의의 실현에 세계사적인 현대를 살아가는 근거를 찾는 발상이다. 이런 발상은 마오쩌둥을 포함한 20세기를 살았던 아시아의 공산주의자에게 공통된 생각이었다. 이에 관한 한 호도 베트남이 급속히 사회주의로 향하는 것 자체를 환영하고 있었다.

그러나 다른 측면에서 호찌민은 1910년대~1920년대 선진 자본주의 국가에서 생활했던 인물이어서 자본주의의 발전을 계승한 사회주의사회의 건설은 베트남 등의 아시아 후진국에선 매우 장기의 과제가 될 수밖에 없다고 확실히 생각했던 것 같다. 호는 제2기 제13차 중앙위원회 총회에서 사회주의적 개조의 개시가 결정된 얼마 후인 1958년 5월 1일 자의 《년 전》지에 게재된 발언 가운데, 베트남과 같이 후진적인 농업국에서 구사회의 개조는 외부의 적과 투쟁하는 것보다 곤란하고 복잡해서 "우리들의 과도기는 반드시 3, 4차례의 장기적 계획을 필요로 할 것이다."라고 했다. 여기서 말하는 과도기는 사회주의적 개조가 주요한 과제인 시기를 의미하며, 장기적 계획은 5개년 계획을 지칭하기 때문에 이것은 개조만으로도 15년~20년은 필요하다고 호가 생각하고 있었다는 것을 말해준다. 개조는 실제로 1960년까지 3년으로 단축되기는 했지만 호의 신중함은 이 발언에 잘 드러나 있다고 하겠다.

이러한 생각을 하고 있던 호찌민도 자주 사용한 구호에 '신속하게, 힘차게, 견실하게 사회주의로 전진하자'라는 표어가 있다. 이 표어는 대약진 시기 중국의 '많이, 빨리, 훌륭히, 낭비 없이'라는 구호의 베트남판으로 볼 수 있다. 호가 구호 가운데 중시한 것은 '견실하게'의 부분이었다. 이것은 1961년 3월 23일 자의 《년 전》지에 발표된 강화 가운데 다음과 같은 발언에서 드러난다.

> "신속하게, 힘차게, 견실하게 사회주의로 전진하자! 신속하게, 힘차게 전진한다는 것은 무모하거나 다급하게 하라는 것이 아니다. 현실적으로 한 걸음 한 걸음 전진하지 않으면 안 되며, 견실하게 전진해야 한다. 혁명의 발전법칙을 견실하게 파악하지 않으면 안 되고 구체적인 모든 조건, 구체적인 방법을 신중히 계산해야 한다. 계획은 확실하게 균형 잡힌 것이어야 한다. 자신의 주관을 가지고 현실의 조건을 바꾸는 것이 있어서는 안 된다."

베트남노동당은 이런 호의 신중한 자세도 작용하여 사회주의혁명을 개시한 1960년 이후에도 베트남사회가 과도기를 종료하고 사회주의사회에 도달했다고 한 번도 공식적으로 선언하지 않았다. 이것은 1956년에 과도기는 종료되었다고 선언한 중국공산당과 눈에 띄게 다른 점이다. 그러나 호의 신중한 자세가 반영된 것은 여기까지가 한계였다. 실제 베트남의 사회주의 건설의 시도에선 결국 '신속하게,

힘차게'의 측면만이 강조되었다. 이것이 과오로 총괄되기까지는 1986년의 도이 머이 제창을 기다리지 않으면 안 되었다.

이야기를 약간 앞으로 되돌려 보자. 베트남노동당은 1958년에 사회주의적 개조의 개시에 따라 지식인 계층의 자유주의적 풍조의 단속에 착수했다. 이런 풍조는 토지혁명에 관한 노동당의 자기비판과 중국 백화제방 등의 영향을 받아 당원을 포함한 지식인 사이에 확산한 체제비판을 가리킨다. 이들의 주장이 전개된 잡지 《년 반》(인문, Nhan Van)과 《자이 펌》(가품, Giai Pham)의 이름을 따서 '년 반·자이 펌 사건'으로 불린다. 그룹의 일원이었던 레 닫Le Dat은 다음과 같은 《회반죽 병의 남자》라는 시를 지어 격렬한 비판을 받았다.

> "백 살까지 산 사람의 운명은
> 마치 회반죽 병과 같아서
> 살면 살수록 추하고
> 살면 살수록 쪼글쪼글해진다……."

이 시가 비판의 대상이 된 것은 '백 살까지 산 사람'이 호찌민을 암시하고 있다는 점이었다. 그렇다고 한다면 이 시는 몇 안 되는 호 비판의 글이 된다. 북베트남이라는 안정된 지배지역을 획득한 베트남민주공화국은 다른 사회주의국가와 같이 노동당에 의한 통치가 모든 국면에서 두드러졌다. 그러한 상태에 대한 지식인의 비판은 당의 최고책임자인 호에게도 향했다. 노동당은 이런 사태를 방치할 수 없어 《년 반》 및 《자이 펌》과 관련된 지식인을 혹독하게 탄압했다. 호가 '년 반·자이 펌 사건' 그 자체에 어떤 역할을 했는지 알 수 없지만, 이 사건을 통해 베트남민주공화국이 호찌민의 나라라기보다 보통의 사회주의 국가가 된 측면을 부정할 수 없을 것이다.

결국 베트남전쟁이 치열해지는 1960년대 북베트남에서 정착된 사회주의의 존재방식은 1930년대 스탈린 체제하의 소련에서 형성된 기본적인 모델에, 1950년대 중국의 경험을 거쳐 도입된 '가난함을 함께 나누는 사회주의'라고 부를 수 있는 것이었다. 이런 '가난함을 함께 나누는 사회주의'는 사회주의라는 꿈과 같은 사회를 내일이라도 건설할 수 있으므로 오늘은 가난함과 곤란을 모두가 함께 나눠 분투하자는 생각에 입각한 사회 모델이었다. '가난함을 함께 나누는 사회주의'는 전시체제의 기반으로서는 강인했다. 호찌민도 전쟁이 격화된 1967년 12월에 "적음을 걱정하지 말고 평등하지 않음을 걱정할 뿐, 가난함을 걱정하지 말고 민심이 평온하지 않음을 걱정할 뿐"이라고 발언했지만, 이런 정신이 침투한 사회는 전쟁에는 강했다. 하지만 이 모델은 전후의 경제발전에는 큰 문제를 남겨놓았다.

4. 박사 호찌민

이처럼 베트남이 냉전구조에 편입된 점은 호찌민의 독창성 발휘를 제약했지만, 주특기인 외교 분야에선 향후 베트남의 행보에 귀중한 유산이 된 선린외교를 전개했다. 그 하나가 인도네시아와의 관계였다.

호찌민은 1959년 2월 말부터 인도네시아를 친선방문했다. 그의 방문은 인도네시아가 반제국주의 투쟁을 강조하고 있던 수카르노 Sukarno 대통령의 통치 아래에 있던 시대의 일이었다. 인도네시아는

1955년 반둥회의의 주최국으로 아시아·아프리카 연대운동의 기수임과 동시에, 제2차 세계대전 후 구식민지 종주국의 복귀 시도에 저항투쟁을 전개한 나라로서도 베트남에 연대감이 있는 대상이었다. 호도 수카르노 대통령이 초청한 연회의 연설에서 이점을 강조하면서 이렇게 말했다.

> "베트남, 인도네시아 두 민족은 식민지주의에 반대하여 단호하게 투쟁했으며, 같은 시기에 떨쳐 일어나 노예의 멍에를 깨부순 역사적 전개를 공유하고 있다."

호찌민은 인도네시아 방문 시 반둥회의가 개최된 반둥시 소재 파자자란대학으로부터 명예 법학 박사학위를 받았다.

그 후 인도네시아는 1965년의 9·30사건으로 수카르노 체제가 붕괴하고 친미반공정책을 내세운 수하르토Suharto체제가 형성되면서 베트남과의 관계는 사회주의의 길을 걷던 수카르노 시대와 같은 친밀함은 사라졌다. 그러나 수하르토 체제하의 인도네시아와도 동남아시아에서 함께 독립전쟁을 경험했던 두 나라라는 연대감은 유지되었다. 수하르토 체제하의 인도네시아는 타이와 필리핀처럼 미국 편에서서 베트남전쟁에 파병하지는 않았다. 또한 세월이 흘러 캄보디아 문제로 베트남이 아세안 국가들과 대립했던 1980년대에도 인도네시아는 아세안 국가 가운데서는 일관되게 베트남과 대화를 유지할 것을 주장했다. 그리고 수하르토는 캄보디아 문제가 해결된 후 베트남을 공식방문한 최초의 아세안 국가의 원수가 되었으며, 베트남의 아세안 가맹에서 촉진제 역할을 했다.

5. 호찌민과 제자들

호찌민은 1956년 개최된 제10차 중앙위원회에서 쯔엉 찐 서기장을 해임하고 1957년에 그를 대신할 인물을 발탁했다. 그 인물은 오랫동안 남베트남에서 활동하고 있던 레 주언(1907~1986)이었다. 레 주언의 발탁과 관련해 호의 의중에 있던 후계자는 보 응우옌 잡이었지만, 당 조직부를 장악하고 있던 레 득 토 등이 레 주언을 밀었기 때문에 이렇게 되었다는 등 다양한 설이 존재한다. 그러나 필자는 1951년의 제2차 당대회에서 선출된 당 정치국원으로 이미 레 주언이 쯔엉 찐 다음의 지위에 있었다는 점이 중요하다고 생각한다. 당내 서열로 볼 때 레 주언의 발탁은 당연한 조치로 호는 이런 점에서 무리할 지도자가 아니었기 때문이다. 게다가 당시 베트남노동당의 입장에서 제네바협정에 의한 남북통일 총선거의 시행이 사실상 불가능해진 사태에 직면하자 남의 문제가 최대 과제로 된 점도 레 주언 발탁의 촉진제가 된 것은 분명하다.

어떻든 베트남노동당은 새로 서기장 대행의 지위에 발탁된 레 주언의 지도하에 1959년 1월과 5월 두 차례에 걸쳐 개최한 제2기 제15차 중앙위원회 총회에서, 제네바협정 이후 발동을 보류하고 있던 남베트남에서의 무장투쟁의 제한적 재개를 결정했다. 이 결정은 응오 딘 지엠 정권의 압정에 대한 불만이 증대하고 있던 남에서 마른 장작에 불을 지피는 역할을 했으며, 이듬해 1960년에 남베트남해방민족전선의 결성을 이끌어내 미국을 당황하게 함으로써 베트남전쟁 확대로 이어졌다.

레 주언은 1960년 9월에 개최된 베트남노동당 제3차 대회에서 정

베트남노동당 제2기 제15차 중앙위원회 총회(호의 옆은 레 주언)

식으로 제1서기(서기장에 상당)로 선출되었다. 호찌민은 당 주석의 지위를 계속 유지했다. 호의 건강은 베트남전쟁이 격화된 1960년대에 점점 쇠약해졌다. 자신의 쇠약을 자각한 호는 1965년의 탄생일(5월)부터 《유서》를 집필하기 시작했다. 베트남노동당의 정책결정 과정에 대한 자료의 제약도 있고 연구도 진전되지 않아서 호가 정책결정에서 어떠한 위치에 있었는지 분명하지 않은 점이 많다. 그러나 적어도 다음과 같이는 말할 수 있을 것 같다.

1960년대 특히 1965년 이후 호가 일상의 순환적인 당무에서 점차 멀어진 것은 확실하지만, 중요한 문제는 1969년의 사망 직전까지 호가 최종적인 결재를 한 것은 틀림없다. 당시 당의 정치국위원이었던 호앙 반 호안이 중국에 망명한 후에 쓴 회고록에 의하면, 1968년 4월 미국과 교섭을 개시하는 결정은 당시 중국에서 병 요양 중인 호의 재가를 받아내지 않은 채 레 주언의 독단으로 이뤄졌다고 비난했다. 이것은 역으로 말하면 이 시대의 베트남노동당 지도부 사이에 아직도 중요한 문제는 호의 재가를 받아낼 필요가 있다는 것을 보여주는 것이라 하겠다.

이 시대는 중소대립이 격화된 때였다. 대국적으로 보면 베트남노동당은 대립의 한편에 결정적으로 가담하는 것을 피하면서 쌍방에서 원조를 획득하는 데 성공했다. 그 과정에서 호찌민의 역할은 컸다. 그러나 호라 하더라도 국제공산주의운동의 '중심'끼리의 싸움이 베트남에 파급되는 것은 저지할 수 없었다. 1963년 12월에 개최된 베트남노동당 제3기 제9차 중앙위원회 총회는 '현대 수정주의'를 격렬하게 비난하여 노동당의 역사상 가장 중국에 가까운 입장을 명시한 중앙위원회 총회가 되었다. 이런 결정에 반대하거나 의문을 제기하는 사람들 혹은 소련과 강하게 연계된 것으로 의심받은 사람들은 수정주의자로 그 지위에서 쫓겨나고, 때에 따라서는 구속되어 개조교육으로 보내졌다. 이런 사람들 가운데는 전 외무부장관 응우옌 반 키엠Uguyen Van Khiem, 국립 철학연구소장인 호앙 민 찐Hoang Minh Chinh, 국영 수닫출판사의 부사장인 응우옌 끼엔 장Ngyen Kien Giang, 국회 남북통일위원회의 책임자였던 응우옌 반 빈Nguyen Van Vinh(그의 실각은 1960년대 후반이다) 중장을 비롯해 다수의 고위 간부가 포함됐다. 처형과 같은 극단적인 처벌은 없었어도 중소대립의 여파는 노동당 내부에도 숨이 막히는 분위기를 조성했다.

베트남의 특징은 중소대립의 여파가 노동당정치국이라는 최고지도부에 직접 영향을 미치지 않아서 배제 및 실각의 사태가 발생하는 것을 피할 수 있었다는 점이다. 당내에서 보 응우옌 잡 정치국원을 소련과 연계되어 있다고 문제 삼으려 하자 호찌민은 직접 그를 옹호했기 때문에 문제가 표면화되지 않았다는 설도 존재한다. 이 이야기가 진실이라면 호가 정치국원인 '제자'에 대해서는 자신의 손으로 지켜준 것이 된다. 그러나 그 아래 수준의 간부까지 호가 보호할 손은 미치지 못해 이 수준에서 희생자가 집중적으로 발생했다.

하지만 이 사태는 역사적인 문제로 볼 때, 호찌민 개인의 문제이기보다는 중소대립이 기타 국가들의 공산당에 강요한 극도의 긴장 문제로서 총괄되어야 할 문제이다. 1960년대 후반 미군의 직접개입으로 베트남전쟁이 확대되자 베트남은 근대 병기의 공급능력을 갖춘 소련과 관계를 점차 강화하지 않을 수 없었다. 그 때문에 중국과의 관계는 점차 소원해지고 여기에다 문화대혁명의 발생으로 베트남노동당은 의식적으로 중국모델과 거리를 두었다. 호찌민은 이러한 때 병 요양을 위해 종종 중국에서 장기간 체재했다. 그의 중국 체재를 약간 과장해서 해석한다면, 호 자신을 '인질'로 삼아 두면 마오쩌둥이 베트남에 등을 돌리지는 않을 것이라는 생각에서 나온 행동으로 볼 수 있다. 그렇다고 한다면 호는 죽음을 목전에 두고 몸소 중소대립이 베트남에 초래할 파국의 사태를 피할 수 있게 한 것으로 볼 수 있다.

6. 베트남전쟁과 호찌민

호찌민은 이상에서 설명한 다양한 문제를 안고 있으면서도 미국이라는 세계 최강의 국가를 상대로 한 항미구국투쟁, 즉 베트남전쟁에서 큰 역할을 담당했다.

1954년 7월 개최된 제네바회의에서 베트남을 대략 남북으로 양분하는 17도선에 군사경계선을 설정하여 제1차 인도차이나전쟁을 종결지으려는 안이 부상했을 때, 베트남노동당 내부에선 강한 불만의 목소리가 존재했다. 디엔 비엔 푸 전투로 프랑스군의 열세가 명백해지자 베트남민주공화국 측의 지배지역은 베트남 전토의 약 4분의 3으로 확대됐기 때문이다.

호찌민은 1954년 7월 3일부터 5일까지 중국의 류저우에서 제네바회의의 중국정부 대표였던 저우언라이 총리와 회담하고, 17도선으로 베트남을 분할하는 양보가 불가피하다고 판단했다. 그는 7월 15일부터 베트남노동당 제2기 제6차 중앙위원회 총회를 소집하여 보고했다. 호가 중앙위원회 총회에서 자신이 보고하는 것은 드문 일로 이런 역할은 통상적으로 서기장을 비롯한 다른 정치국원에게 위임했지만, 제네바의 타협에 대해 승낙을 받아내는 역할은 호 이외에 달리 할 수 있는 지도자가 없었다. 호는 보고 가운데 타협의 필요를 주적의 변화에 따른 노선변환가 필요하다는 논리로 다음과 같이 설명했다.

"지금 프랑스는 우리와 교섭하고 있고, 미국 제국주의가 주요한 직접적인 적이 되었기 때문에 우리 공격의 화살은 미국 제국주의에 집중되어야 한다.……현재의 새로운 정세를 앞에 두고 우리는 옛 노선을 지킬 수만은 없다. 이전 우리의 구호는 '철저항전'이었다. 우리는 새로운 정세에 의해 '평화, 통일, 독립, 민주'의 새로운 구호를 내세워야 한다. 우리는 미국 제국주의가 직접 간섭하여 인도차이나전쟁을 장기화하고 확대하지 못하도록 평화의 깃발을 꽉 잡고 있지 않으면 안 되며, 우리의 정책도 변화해야 한다."

호찌민은 이처럼 설명하고 철저항전을 외치는 강경파를 '프랑스만을 보고 미국을 보지 못한다'라면서 이른바 '나무를 보고 숲을 보지 못하는' 태도이며, '세계 인민의 이반'을 초래하기 쉽다고 비판했다. 이리하여 베트남노동당은 제네바협정을 수용하여 베트남은 17도선으로 분단되었다. 호는 협정 조인의 시점에서 남북통일 총선거 시행의 가능성에 대해 희망을 품고 있었다는 설도 있지만, 그 진위는 지금까지도 확실하지 않다. 호가 제네바협정에 의한 타협을 수용한 책임자로서 남베트남의 해방과 남북통일의 달성이라는 과제에 강한 책임을 느끼고 있었다는 점은 분명했다.

호찌민의 남에 대한 생각은 건강이 쇠약해지고 나서도 변함이 없었다. 1968년 3월 뗀 공세 직후, 호찌민은 요양처인 중국에서 레 주언 제1서기에게 편지를 보내 "작년 크리스마스 때 그대는 완전한 승리를 쟁취한 후 아저씨(저자 주: 호찌민을 말함)가 남으로 가도록 권유하여 아저씨도 대찬성한 것을 상기하고 있습니다. 그러나 여기서 완전한 승리의 '뒤에'라는 것을 '앞에'로 바꿔주면 좋겠습니다."라면서 남을 방문할 기회가 부여되기를 간절히 희망했다. 호의 이러한 염원은 이뤄지지 않았지만, 미국에 도전해서라도 남북통일을 달성하려는 호의 생각이 베트남의 항미구국투쟁을 지탱하고 있었던 것은 의심의 여지가 없다.

베트남전쟁에서 무엇보다 호의 큰 공적은 냉전 시대에 벌어진 전쟁을 공산주의자와 자유주의적 민족주의자의 항쟁으로 하지 않고, 베트남 국내에서도 세계에서도 기본적으로 미국에 대한 독립과 통일을 요구하는 베트남 민족의 싸움으로 인식되도록 상황을 만들어 냈다는 점이다.

먼저, 호찌민은 베트남 국내에서 베트남의 독립과 통일의 상징이었다. 호는 베트남민주공화국의 주석이자 동시에 베트남노동당의 주석

고사포 진지를 위문하는 호찌민

이기도 했다. 호가 독립과 통일의 상징이 될 수 있었던 배경에는, 그가 고난의 여행을 계속한 혁명가라는 경력 이외에 호가 필요 이상으로 적을 만들지 않는 탁월한 능력이 있었다는 점이다. 베트남노동당이 남베트남의 응오 딘 지엠 정권을 미국 제국주의의 괴뢰정권으로 타도를 목표로 하고 있었을 때, 한 외국인 기자가 호에게 그를 개인적으로 어떻게 평가하고 있는지 질문을 받자, "응오 딘 지엠 씨는 그 나름의 방식으로 애국자이다."라고 대답했다. 응오 딘 지엠이 호의 발언을 알고 있었는지 어떤지는 모르지만, 그가 암살되기 직전까지 자신이 만약 미국의 직접 참전의 사태를 초래하게 된다면 남북통일을 협상하기 위해 호찌민을 만났을 때 볼 면목이 없다고 측근에게 말했다고 한다.

한편 세계에 대해 특히 미국에 대해서는 어떠했을까. 호찌민의 미국에 대한 자세는 베트남전쟁의 확대가 예상되던 1964년 3월에 개최된 '특별 정치회의'에서 행한 호의 연설 가운데 다음의 한 구절 속에 십약적으로 표현되어 있다.

> "저는 미국 인민에 대해 이처럼 말하고 싶다. 미국 정부가 우리나라의 남부에서 벌이고 있는 정의롭지 못한 전쟁은 미국 인민 다수의 재산에 해를 가하고 있고, 사람의 생명을 빼앗고 있을 뿐 아니라 미국 국가의 명성을 더럽히고 있다. 지금이야말로 이 더러운 전쟁을 종결시켜 우리 양국 인민 사이의 우정을 쌓기 위해 미국 인민이 더욱 단호하게 투쟁해야 할 때가 왔다고."

베트남전쟁에서 중소대립 등 많은 장애가 있었음에도 미국과 싸우는 베트남을 지원하는 사실상의 국제통일전선이 결성되었다. '베트남, 호찌민'은 사회주의 국가와 기타 여러 나라 공산당의 구호에 그치지 않고 미국을 비롯한 서방 여러 나라로부터 광범한 반전운동의 구호가 되었다. 이러한 국면에서 상징되는 국제여론의 동향은 미국의 전쟁을 실패로 끝나게 만드는 데 큰 역할을 했지만, 그 배경에는 호의 발언에서 보이는 미국 일반 국민의 공감을 얻어낼 수 있는 호소력이었다.

7. 호찌민의 전략

전략가 호찌민에게 가능한 한 '적을 줄이고 자기 편을 늘린다'라고 하는 대단결이 그의 하나의 신조였다고 한다면, 또 하나 호의 재능이 발휘된 것은 '시기를 포착한다'라는 측면이었다. 이것은 군사력의 면에서 강대한 적과 투쟁하는데 실력을 축적하는 것이 중요하며, 축적된 실력을 호기를 잡아 한꺼번에 발휘함으로써 강대한 적의 시도를 좌절시키는 전략이다.

'시기를 포착한다'라는 호찌민의 생각이 최초로 발휘된 것은 8월 혁명 이전인 1944년의 일이었다. 당시 비엣 민 운동이 발전하고 있던 중국과 국경을 접한 월북지방에선 국내의 당 조직이 무장봉기의 계획을 입안하고 있었다. 바로 그때 중국에서 돌아온 호는 다음과 같이 말하면서 이 계획을 중지시켰다.

> "이제 혁명의 평화적 발전 시기가 지났는데도 전국적인 봉기의 시기는 아직 시작되지 않고 있다. 우리가 그저 정치적인 형태의 활동에만 한정해서는 운동을 앞당기는데 충분하지 않다. 그렇다고 해서 우리가 지금 곧바로 무장봉기를 개시한다면 우리의 군사력은 적에게 파괴될 것이다. 현재의 투쟁은 필연적으로 정치적 형태에서 군사적 형태로 나아가지 않으면 안 된다. 다만, 얼마 동안은 정치적 형태에 보다 중점을 둬야 한다. 따라서 우리는 운동을 전진시키기 위해 더 적절한 형태를 채택하지 않으면 안 된다."

호찌민의 이런 제안으로 1944년 12월에 결성된 것이 베트남해방군선전대라는 명칭의 정치선전에 역점을 둔 무장부대였다. 이 선전대가 나중에 베트남의 정규군이 된 베트남인민군의 전신이었다. 호의 판단은 정확했다. 일본군이 1945년 3월 불인처리를 하자 프랑스 식민지정권이 붕괴하고, 비엣 민이 강력했던 월북지방에서 지방적인 봉기로 정권을 수립하는 조건이 성숙하였다. 그리고 1945년 8월 일본의 항복이라는 절호의 기회를 포착하여 베트남은 전국 봉기를 성공시켰다.

호찌민의 '시기를 포착한다'라는 발상은 프랑스에 대항하는 데도 종종 중요한 역할을 발휘했다. 호는 베트남전쟁의 시기에 구체적인 군사작전의 입안 및 집행은 제자들의 판단에 맡긴 것 같지만, '시기를 포착한다'라는 호의 발상은 이 시기에 베트남의 지도자들 사이에 깊이 침투해 있었다. 베트남전쟁에서 '시기를 포착한다'라는 전략이 큰 효과를 발휘한 것이 1968년의 공세였다.

이 공세는 뒤에 뗏 공세로 불렸다. 사이 공을 비롯한 남베트남의 주요 도시에 대한 베트남혁명세력(북베트남군과 남의 해방전선군)의 일제 공격이 입안된 것은 1967년의 초여름이었다. 당시 미군의 남베트남에서의 전쟁 노력은 국지전쟁으로는 정점에 달해 있었지만 혁명세력의 군사력에 그들의 보급능력을 상회하는 타격을 가한다는 목표를 달성하지 못한 채 교착상태에 빠져 있었다. 이 공세는 미국에게 막다른 골목 상태를 자각하게 하는 충격적인 타격을 가할 수 있다면 전쟁 국면을 크게 전환할 수 있다는 판단에서 나온 작전이었다.

이러한 도시 일제 공격 계획은 호찌민도 출석한 1967년 12월 28일의 노동당 정치국 회의에서 최종적인 작전계획이 작성되어, 이듬해 1968년 1월 개최된 제3기 제14차 중앙위원회 총회에서 승인되었다. 이 과정에서 작전 시행일을 1968년 음력설=뗏이 선택되었다. 뗏은 베트남인에게 최대의 명절이기 때문에 미군과 남베트남군의 수비가 강고한 거점인 도시를 기습공격하면 가장 큰 효과를 기대할 수 있기 때문이었다.

게다가 1968년 초의 타이밍이 선택된 배경에는 이 해가 미국 대통령선거가 시행되는 때라는 것도 염두에 뒀다. 존슨 정권이 1967년 가을 베트남전쟁의 장기화로 인한 부담을 지탱하기 위해 증세를 요구하지 않을 수 없었던 때부터 미국의 여론은 정부의 전쟁 정책을 비판하는 분위기가 고조되었다. 대통령선거에서 베트남전쟁이 큰 쟁점이 될 것은 분명해 보였다. 그리고 선거에서 전쟁 확대론보다 수렁에서 미국을 탈출시키는 길을 제시하는 쪽이 여론의 지지를 얻을 수 있을 것으로 예상되었다. 베트남노동당은 이 타이밍에서 도시 공격을 감행한다면 미국의 여론에 큰 충격을 가할 수 있고 위정자가 전쟁 확대의 형태로 반격하는 것은 곤란하다고 판단했다.

호찌민은 1968년 국민에게 드리는 연두 축사에서 뗏 공세를 가정하면서 다음과 같은 시를 발표했다.

"올해의 봄은 과거 수년의 봄과 달리
전승의 경사스러운 소식이 온 나라에 들린다
남북은 서로 힘써 미국 침략자와 싸운다
전진하라!
완전한 승리는 우리 눈앞에 있다"

도시에 대한 일제 공격 특히 사이 공의 미국대사관 일부가 해방전선의 게릴라 부대에 일시 점거된 것은 노동당의 계획대로 미국 여론에 충격을 주었다. 미국 국민 다수가 베트남전쟁은 정부의 낙관적인 언명과 달리 잘 되고 있지 않다고 생각했다. 그리고 이미 전망이 없는 전쟁에 미국 젊은이의 생명을 더는 희생시키는 것은 참을 수 없고, 이길 수 없는 전쟁이라면 손을 빼야 한다는 목소리가 여론조사에서 다수를 차지하게 되었다.

그래서 존슨 대통령은 군부의 미군 증파 요구를 거절하고 3월 31일에 북베트남 폭격을 부분적으로 정지하고 교섭 개시의 성명을 발표하지 않을 수 없었다. 미국은 이제 전쟁 확대라는 형태로 위기에 대응할 수 없게 되었다.

하지만 베트남 혁명세력 측의 희생도 컸다. 베트남노동당은 거점 도시에 일제히 공격을 퍼부었을 뿐 아니라 이 기회를 활용해 도시 주민의 총봉기를 일으켜 한꺼번에 남베트남 정부를 붕괴로 몰아넣으려는 매우 야심 찬 계획을 세웠다. 그러나 소수의 게릴라 부대에 이어 도시에 들어갈 예정이었던 혁명세력의 주력부대는 미군과 남베트남군에 저지되어 예정대로 도시에 입성할 수 없었다. 이와 같은 상황에서는 도시 주민의 봉기도 일어나지 않을 것 같았다. 그러나 노동당은 제1파의 공격 이후에도 도시 공격을 고집하여 희생이 확대되었다. 특히 경험 풍부한 남의 토착 게릴라에게 많은 희생자가 발생했다는 것은 노동당에게 타격이자, 남베트남의 군사적 역학관계는 뗏 이전보다도 오히려 악화하여 열세를 만회하는 데 수년이 걸렸다.

뗏 공세는 이처럼 결과적으로 쌍방에게 모두 큰 타격을 주었지만, 미국이 입은 국민의 전의 상실이라는 타격 쪽이 훨씬 심각했다. 그래서 뗏 공세는 베트남전쟁에서 큰 전환점이 되었다.

8. '독립과 자유보다 더 고귀한 것은 없다'

호찌민이 그의 사상과 행동을 상징하는 말을 한 것은 뗏 공세 이

전인 1966년 7월 17일이었다. 이 말은 다음과 같은 한 구절 속에 기술되어 있다.

"전쟁은 5년, 10년, 20년 혹은 더 길어질지 모른다. 하 노이, 하이 퐁, 기타의 도시, 기업이 파괴될지 모른다. 그러나 베트남 인민은 두려워하지 않는다. 독립과 자유보다 더 고귀한 것은 없다. 완전한 승리의 그 날이 온다면 우리 인민은 우리 국토를 더욱 훌륭하고 아름답게 재건할 것이다."

미국의 입장에서 베트남전쟁은 국지전쟁이며 중·소를 끌어넣는 세계전쟁이 될 수 없는 전쟁이었다. 그 때문에 미군은 지상군의 작전 범위를 남베트남으로 한정하고 한국전쟁 때와 같이 군사경계선을 넘어 북진하지는 않았다. 미군은 이런 제약으로 남의 전쟁터에서 베트남 혁명세력에게 보급능력을 상회하는 인적 손해를 입혀 전투 의욕을 꺾어 버리는 작전을 기본으로 했다.

'독립과 자유보다 더 고귀한 것은 없다'는 연설문을 낭독하는 호찌민

이러한 미군의 전략을 파탄시킨 것은 북베트남의 정규군인 베트남 인민군을 포함한 남북 베트남 혁명세력의 보급능력이 상당해서, 미군의 개입으로 발생한 손해를 메꾸고 남에서 전력을 일정 수준 이상으로 유지할 수 있었기 때문이었다. 물론

이것은 세계 최강의 전력을 보유한 미군을 상대로 큰 희생을 동반하는 행위였고 혁명세력의 전투요원 희생자만 하더라도 110만 명, 이 외에도 행방불명자가 30만 명에 달했다. 이러한 희생을 넘어 사람들에게 높은 전투의욕으로 남의 전쟁터로 가게 만든 동원의 큰 힘이 된 것이 '독립과 자유보다 더 고귀한 것은 없다'라는 말을 비롯한 호찌민의 일련의 호소였다. 이 전쟁은 호찌민과 베트남에게 국지전쟁이 아닌 민족의 존망을 건 총력전이었다. 베트남전쟁은 소국이라 하더라도 총력전을 교묘히 조직할 수 있다면 초대국과의 국지전쟁에서 승리할 수 있다는 것을 보여주었다.

호찌민은 이만한 큰 희생을 국민에게 요구한 전쟁의 지도자였음에도 원수의 표적이 되지는 않았다. 만약 호에게 책임을 묻는 논리가 있다고 한다면 그것은 다음과 같은 것을 묻는 것일 것이다. 세계에서 탈식민지화의 진전, 냉전체제의 붕괴라고 하는 호 사후의 역사적 전개에 따라 볼 때, 과연 베트남이 독립과 통일을 실현하기 위해 호가 걸었던 큰 희생을 동반하는 길 이외의 다른 방법은 없었느냐는 점이다. 그러나 대국적인 관점에서 본다면, 베트남전쟁이 벌어진 시대는 아직 인류의 역사가 전쟁으로 큰 희생을 치름으로써 비로소 앞으로 나갈 수 있었던 '전쟁이 역사를 진보시키고 있던 시대'였다. 디엔 비엔 푸의 패배가 없었다면 식민지주의가 이 정도의 속도로 빨리 붕괴하였을는지 의심스러우며, 미국이 베트남전쟁에서 좌절하지 않았다면 냉전체제의 붕괴도 더욱 뒤에 왔을지 모른다.

식민지주의는 분명히 베트남전쟁과 냉전체제 간의 관계에 대해 의문이 들 것이다. 베트남전쟁은 확실히 국제정치에서 냉전구조를 전제로 시작된 전쟁이었다. 그러나 이 전쟁과 그 결과로 달성된 베트남의 남북통일은 냉전구조를 무너뜨리는 의미도 있었다는 데 주목해야 한다. 첫째로 베트남의 승리는 냉전구조에서 북위 17도선이라는 동서 양 진영 세력권을 구획하는 경계선, 국제정치가 베트남에 강요한 이 선을 돌파하여 달성된 것이었다. 베트남전쟁은 더 일반적으로 말해 어느 지역의 운명을 결정하는 것은 역외 초강대국의 의사가 아니라 지역 주민의 의사라는 것을 보여주어 민족의 존엄이 국제여론의 주목을 받았다는 데 의미가 있었다. 이것도 대국 주도의 국제질서인 냉전구조를 뒤흔들어 놓았다.

둘째로 베트남전쟁은 냉전구조의 중심을 형성하고 있던 대국에 심각한 타격을 가했다. 미국이 국지전쟁에서 파탄함으로써 초대국의 군사개입에도 한계가 있다는 것을 여실히 보여주었다. 이것이 미국의 세계 패권에 얼마나 큰 타격을 주었는지는 잘 알려진 대로이다. 또한 미국의 좌절이 세계의 서양중심주의에 대한 의문을 던지는 계기가 된 것도 잊어서는 안 될 것이다. 그리고 미국의 개입 확대에 대해 베트남을 지원했던 사회주의 대국인 소련과 중국에도 이 전쟁의 부담은 컸다.

따라서 베트남전쟁은 냉전구조를 전제로 발발했지만 그 붕괴를 촉진하는 역할을 했다. 냉전구조가 호찌민의 독창성 발휘의 여지를 빼앗고 있었다고 한다면, 호 자신은 서거까지 이런 속박에서 벗어날 수는 없었지만, 다름 아닌 그가 지도했던 항미구국투쟁에 의해 구속에서 베트남 자체 및 세계를 해방하는 조건을 만들어 내는 데 이바지했다고 할 수 있다.

1969년 9월 2일, 베트남 독립 24주년의 이 날에 호찌민은 생애를 마감했다. 베트남 사람들은 물론이고 세계의 굉장히 많은 사람들이 그의 죽음을 애석하게 여겼다는 점에서, 호는 분명히 행복하게 죽은 정치시노자였다. 베트남전쟁은 호의 사후 6년 가까이 더 지속되었다. 1975년 4월 30일, 전쟁이 종결되었을 때 다음과 같은 가사의 노래가 베트남의 대지 여기저기서 열광적으로 불리었다(작사 및 작곡은 팜 뚜옌Pham Tuyen).

> "대승리로 이렇게 기쁜 때에 호 아저씨가 있는 듯하다.
> 호 아저씨의 말은 이제 찬란한 전승이 되었다.
> 30년간의 투쟁은 국토의 통합을 쟁취하고,
> 서른 살의 민주공화국은 항전의 승리를 실현했다.
> 베트남, 호찌민
> 베트남, 호찌민
> 베트남, 호찌민."

제6장

직계 제자의 최후투쟁

호찌민 사후의 호 탄생 기념집회

이번 장에서는 호찌민 사후 베트남공산당(1976년 12월 제4차 당대회에서 노동당을 공산당으로 개칭) 내부에서 호찌민이 어떻게 다루어졌는지를 검토하고, 그것과 도이 머이 제창 간의 관계를 살펴보고자 한다.

1. 승자의 교만

호찌민 사후 베트남노동당의 주석 자리는 공백 상태가 됐다. 누구도 호를 대신할 수 없다는 생각에서 나온 조치였다. 그러나 이것이 실제로 정치권력에 공백을 초래하지는 않았다. 호의 생전부터 이미 공산당 제1서기인 레 주언을 중심으로 한 지도체제는 완성되어 있었기 때문에 호의 서거에 의한 영향은 특별히 없었다.

베트남전쟁은 1975년 4월 베트남인 공산주의자의 완전한 승리로 종결되었다. 세계 최강의 미국에 이겼다는 생각이 노동당 지도부에 강한 자신감을 가져다주었다는 것은 이상할 게 없었다. 레 주언은 지금은 베트남 국내에서 비판을 많이 받는 지도자이지만 객관적으로 볼 때, 그는 전략가로서 베트남전쟁의 승리에 큰 공헌을 했다.

레 주언 서기장

문제는 베트남전쟁 이후에 있었다. 베트남전쟁 후에 베트남이 직면한 곤란에는 여러 원인이 있었지만, 그 하나는 베트남전쟁의 승리가 만들어 낸 지도부의 과신, 바꿔 말하면 승자의 교만이 존재했다. 가장 두드러진 표현은 베트남전쟁 중 북베트남에 정착된 '가난함을 함께 나누는 사회주의'를 통일된 베트남 전역에 적용하려 한 것에서 찾을 수 있다. 이런 시도는 북보다 원래 훨씬 풍요했던 남에서 다양한 저항에 부딪혔을 뿐 아니라 북에서도 사람들의 거부 반응에 직면했다. 애초 '가난함을 함께 나누는 사회주의'는 전시에 사람들의 정신적 고양이 있어야 비로소 유효하게 기능하는 시스템이었다. 베트남전쟁이 종결되자 북쪽 사람들은 이제 누구 할 것 없이 풍요롭게 생활하고 싶어 했다. 이런 사람들에게 '가난함을 함께 나누는 사회주의'는 어떤 매력도 없었다. 국영기업과 농업생산합작사 등의 공인된 사회주의 시스템 이외에 암거래에 힘쓰는 사람들의 모습은 베트남전쟁의 승리에 도취해 있던 지도자의 눈에 사회주의에 반하는 불건전한 경향으로밖에 비치지 않았다.

승자의 교만은 다양하게 표출되었다. 그러나 당 최고지도자의 그것은 사회 전체에 있어서도 문제였다. 레 주언은 1976년 12월 개최된 제4차 대회에서 당명을 베트남공산당으로 고치고 서기장에 취임했다. 그는 바깥으로는 호찌민의 위업을 계속 찬양했지만, 자신의 전기를 직성할 때는 자신과 호찌민을 비교하여 자신 쪽이 뛰어난 측면이 있다고 자랑했다. 레 주언이 호와 비교해 자신이 우위에 있다고 느낀 것 가운데 현재 알려진 것은 다음의 세 가지이다.

첫째, 호찌민은 1954년의 제네바협정 이후 총선거 시행에 기대를 걸고 있었던 데 반해, 자신은 어쨌든 무장투쟁을 개시하지 않을 수 없다고 일찍부터 전망하고 있었다는 점.

둘째, 호찌민은 스탈린과 마오쩌둥을 만났을 때 상대가 말하는 것을 경청만 했지만, 자신은 소련과 중국의 지도자에 대해서도 베트남의 주장을 당당하게 전개했다는 점.

셋째, 호찌민의 도덕론은 기본적으로 봉건적인 유교 도덕론의 영역을 크게 벗어나지 않았던 데 비해, 자신은 '집단 주인공 정신'이라는 체계적인 사회주의 도덕론을 전개하고 있다는 점.

'집단 주인공 정신' 혹은 '집단 주인공 시스템'은 레 주언이 자주 사용한 말이다. 이것은 베트남과 같은 후진국에서 사회주의혁명을 실시하는데 불가결한 사람들의 주관적 능동성 발휘를 중국의 문화대혁명처럼 문화사상 혁명이나 계급투쟁의 방법이 아니라, 사람들이 집단으로서 주인공이 되는 사회시스템의 존재방식에서 찾으려한 생각이었다. 이 개념의 의미는 난해했지만, 레 주언은 이 말이 마음에 들었던 모양인지 베트남 사회주의의 기본적인 존재방식을 나타내는 말로, 1980년에 제정된 베트남사회주의공화국의 헌법에도 채택되었다.

레 주언이 저지른 교만의 옳고 그름은 여기서 문제로 삼지 않는다. 문제는 호찌민을 계승한 당의 최고지도자가 자신을 호찌민을 넘어서는 존재라고 생각하게 한 상황이 발생했다는 점이다.

1985년의 구정 이튿날, 하 노이 거리에서 폭죽 소리가 여느 때보다 많이 들렸다. 음력설=뗀은 베트남인에게 최대의 명절로 폭죽은 섣달그믐날 밤과 새해가 밝았을 때 터뜨리는 것이 보통인데 이 해는 달랐던 것이다. 원인은 당시 병 요양 중인 레 주언 서기장이 서거했다는 소문이 하 노이 시민들 사이에 퍼졌기 때문이었다. 당시는 레 주언이 1960년 제1서기로 취임한 지 이미 25년이 지나간 때였다. 민심은 호찌민의 국가 주석 재위 기간보다 긴 노 서기장의 통치에서 완전히 떠나 있었다. 레 주언이 실제로 사망한 것은 이 일이 일어난 후 약 1년 반이 지난 1986년 7월이었다.

2. 공산당사 속의 호찌민

이야기를 조금 이전의 시대로 거슬러 올라가 보자. 베트남공산당(여기서는 인도차이나공산당, 베트남노동당 시대도 포함해서 이 명칭으로 총칭해서 사용한다)이 공식적인 당사를 최초로 낸 것은 당 창립 30주년이 되는 1960년이었다. 베트남공산당사에는 하나의 어려운 문제가 있었다.

그것은 1930년대 호찌민과 코민테른 정통파 간의 대립이다. 베트남공산당은 1960년대 전반 국제공산주의운동의 정통적인 흐름과 자신들이 연계되어 있다는 점을 자랑스럽게 여기면서 코민테른의 역사적 역할도 높게 평가했다. 그렇다고 해서 자기의 당 주석인 호찌민을 비난하는 것은 당사에 기록할 수는 없었다. 특히, 호찌민이 소집하여 베트남공산당의 탄생을 가져온 1930년 2월의 통일회의와 통일회의의 내용을 부정하고 코민테른 제6차 대회의 노선에 충실한 정치강령을 채택하면서 당명을 인도차이나공산당으로 변경한 1930년 10월의 제1차 중앙위원회의 관계를 어떻게 묘사할 것인지는 어려운 문제였다.

당시 공식의 당사 집필자가 고안한 방법은 이러했다. 기본적으로 1930년대의 코민테른의 역할을 높게 평가하고, 제1차 중앙위원회의 내용을 보다 적극적으로 평가하는 입장에 서면서 그것과 호찌민의 당시 생각이 그다지 어긋나지 않았다는 묘사 방법을 취했다. 1960년에 공식 간행된 《베트남노동당투쟁30년사》는 호가 지도한 통일회의의 내용을 '초보적'인 것이라고 하면서, 그것이 코민테른의 지도로 보강되어 보다 체계적으로 혁명의 길을 분명히 밝힌 제1차 중앙위원회의 정치강령 형성으로 이어졌다고 기술했다.

1960년대 전반은 베트남인 공산주의자들 사이에서 국제공산주의 운동의 정통적 입장의 보편적 타당성에 대한 확신이 강했던 시대였다. 그 때문에 예전 코민테른의 정통적인 입장으로부터 '국가주의적'이라고 비난을 받았던 호찌민의 《혁명의 길》과 같은 저작을, 공식적인 호의 저작집 속에 수록하는 데 주저했다. 그래서 이 시기의 저작집에는 《혁명의 길》이 들어가 있지 않았다.

그러나 베트남전쟁이 격화되는 가운데 변화가 발생했다. 전쟁 격화가 민족적인 동원을 더욱 강하게 요구하게 되었다는 점, 중소대립 가운데서 베트남의 당이 자주독립을 강조하게 되었다는 점 등으로 인해 생성된 변화였다. 1970년 발행된 당40년사는 베트남혁명의 승리요인으로 그때까지 당사에도 수록되어 있던, 베트남은 식민지사회에서 자본가 계급이 미성숙했기 때문에 노동자 계급이 지도하는 혁명운동이 강력하게 발전했다는 계급투쟁사관에 근거한 논점에 더하여, '베트남 민족 4천 년의 역사' 속에서 형성된 애국주의 전통의 혁명운동을 계승했다는 논점을 추가했다.

이런 변화는 당연히 호찌민의 당사에 있어 역할을 보다 적극적으로 묘사하도록 했다. 40년사는 통일회의의 내용이 제1차 중앙위원회 정치강령의 기초가 되었다는 표현으로, 호가 지도한 통일회의의 내용을 종래보다 높게 평가했다. 게다가 애국주의의 전통을 계승한 것이 베트남혁명 승리의 요인이라고 한다면《혁명의 길》도 꺼림칙하게 생각할 필요가 없어진다. 1978년에 간행된 공식적인 당 문헌집에는《혁명의 길》이 수록되었다. 그리고 현재 가장 권위있는 당사로 인정받고 있는 1981년 간행의《베트남공산당사》제1권은 당 창립부터 1954년까지를 다루고 있는데, 당사는 통일회의의 문서를 '초보적'이라고 한 형용사를 빼고, 호찌민에 의한 베트남공산당의 결성을 '마르크스·레닌주의와 노동운동, 애국운동의 결합이었다'라고 서술했다. 즉 민족적 계기를 중시한 통일회의의 노선을 적극적으로 긍정하는 서술 방식으로 바뀌었다. 호에 대한 베트남공산당사의 평가는 그의 사후 높아지기 시작한 것이다.

1930년 당시 호찌민의 생각과 코민테른 정통파 노선 간에는 차이가 존재했고, 호의 생각 쪽이 베트남의 현실에 적합했다는 평가가 공식 문헌 속에 명확한 형태로 나온 것은 도이 머이가 제창되는 1980년대 중반 이후의 일이었다. 그러나 이보다 앞선 베트남전쟁 종결에서 1980년대 중반까지는 레 주언 서기장이라는 공산당의 최고

책임자가 호와 자신을 비교하여 자신 쪽을 높게 평가하는 경향이 생성된 시기였다. 이런 시기에 공식 당사에서 호의 평가가 계속 상승한 현상은 레 주언도 공식 석상에서 호에게 찬사를 아끼지 않았다는 것을 고려하더라도 약간 기묘한 것 같다.

여기부터는 필자의 가설로 아직 충분한 증명 자료가 없지만, 베트남공산당사와 호찌민전기의 편찬은 공산당 정치국의 분담에선 쯔엉 찐이 담당했다는 사실에 주목할 만한 가치가 있다. 1976년의 제4차 당대회에서 선출된 정치국원 가운데 호의 측근에 있던 경험이 풍부한 지도자는 쯔엉 찐, 판 반 동, 보 응우옌 잡의 3명이었다. 이른바 호의 직계 제자의 한 명인 쯔엉 찐은 레 주언 서기장이라 하더라도 반대하기 어려운 인물로, 그는 공산당사에서 호찌민의 평가를 높이는 방법을 통해 서기장의 오만에 어떤 경고의 메시지를 보낸 것으로 생각할 수는 없을까 한다.

베트남공산당 제4차 대회
앞의 열 가장 오른쪽이 보 응우옌 잡, 오른쪽에서 3번째가 팜 반 동, 6번째가 레 주언, 8번째가 쯔엉 찐

3. 쯔엉 찐의 투쟁

쯔엉 찐을 한자로 바꾸면 '長征'(저자 주:
1930년대 중국공산당의 장정에서 딴 이름)이 되
는 것에서 상징되듯이 베트남에서 마오쩌
둥사상을 가장 빨리 신봉한 사람의 한 명
으로 토지혁명의 과도함에 책임을 지고 서
기장에서 해임된 경력이 있는 인물이었다.
1960년대 이후에도 정치국 가운데 레 주언

쯔엉 찐

다음가는 지위를 차지하고 있었다. 사회주의혁명을 구성하는 생산관
계혁명·과학기술혁명·사상문화혁명이라는 세 가지 혁명 가운데, 레
주언이 과학기술혁명을 중시하는 태도를 보였지만, 쯔엉 찐은 생산
관계혁명과 사상문화혁명을 강조하는 태도를 보이어 외국인 관찰자
사이에서는 보수파 이데올로그로 많이 간주하던 인물이었다.

쯔엉 찐이 1980년대 중반 도이 머이 제창에 이르는 과정에서 큰
역할을 한 사실은 국제적으로 아직 잘 알려지지 않았다. 물론 베트남
현대사를 모두 호찌민의 공적으로 돌릴 수 없는 것처럼 '도이 머이
의 창작자'도 다수 존재한다고 생각해야 할 것이다. 특히 도이 머이
는 사람들의 암거래를 공산당이 추인하는 측면을 가지고 있다는 점
에서 공적의 절반은 베트남의 민중에게 돌려야 할 수도 있다. 그러나
위로부터의 주도권도 중요하다. 이 점에서 하 노이의 지식인들 사이
에 도이 머이의 제일 창작자는 쯔엉 찐으로 생각하는 사람이 많다.

1980년대 중반, 베트남경제는 '가난함을 함께 나누는 사회주의'에
대한 민심 이반과 캄보디아 문제로 인한 베트남의 국제적 고립 때문

에 매우 곤란한 상황에 있었다. '가난함을 함께 나누는 사회주의'의 전형은 생필품을 국가가 값싼 배급가격으로 공급하는 대신 노동자의 임금 등 근로자의 수입도 낮게 억제하는 유통분배방식이었다. 이런 방식은 전시경제를 지탱하기에는 합리적인 제도였지만 자신의 생활 향상이 사람들의 기본적인 소원이 된 베트남전쟁 이후에는 기능부전 상태에 빠져 있었다. 국가는 사람들의 근로의욕을 자극하기 위해 농산물의 매입가격 등을 인상하지 않을 수 없었다. 또한 식량도 포함하여 수입에 의존한 생필품의 국제가격은 무상원조의 삭감 등으로 폭등했다. 그 때문에 국가는 배급제도의 유지와 구입가격과 판매가격의 차액을 보전하기 위해 대량의 보조금을 쏟아부을 수밖에 없어, 국가의 재정적자가 증대하여 악성 인플레이션이 발생했다.

공산당 지도부는 전후의 경제 부진이 명확해진 1979년에 이러한 비용을 국가가 전부 대주는 경제관리를 바꿀 필요성을 공통으로 인식했다. 그러나 이 문제를 어떻게 해결할 것인가를 두고는 의견의 일치가 존재하지 않았다. 애초 공산당 내부에서 유력했던 방안은 이른바 생산우선론적 발상으로 생산을 증대시켜 수급균형을 개선하는 것을 먼저 해결해야 한다는 것이었다. 그러나 일련의 생산 자극책에 의해 생산향상의 조짐이 보였지만, 자극책이 보조금의 증가를 초래하여 국가의 재정적자가 심각해진 1980년대 중반이 되면, 유통분배의 문제를 근본적으로 개혁하지 않으면 안 된다는 인식이 공산당 지도부 사이에서도 유력해졌다. 공산당중앙위원회 총회에서 이 문제와 관련해 처음으로 본격적인 토론이 벌어진 것은 1983년 11월부터 12월에 걸쳐 개최된 제5기 제5차 중앙위원회 총회였다.

레 주언 서기장은 중앙위원회 총회의 맺음말에서 이 분야의 문제가 국가가 비용을 전부 대주는 관료주의적 경제관리를 장기에 걸쳐 유지해왔다는, 주체성 결여로 인해 발생했다는 것을 인정하면서 다음과 같이 지적했다.

"관료주의와 국가가 비용을 전부 대주는 방식의 병폐가 극복되지 않고 있는 때에, 계획경제의 기초를 약화시키고 부르주아 분자와 악랄한 상인이 공공연히 활동하여 사적 경제와 '자유'시장을 발전시켜, 사회주의의 진지를 침범하려는 '자유'시장 메커니즘으로 나아가려는 불건전한 경향이 한편에서 출현하고 있다."

이러한 지적은 국가가 상품을 장악할 수 없는 상황의 해결을 계획경제의 강화가 아닌 시장메커니즘의 도입으로 해결하려는 견해를 비판한 것이다. 레 주언 서기장은 유통분배에 있어 곤란한 기본적인 성격에 대해 "생산을 장악하면서 유통분배를 단단히 장악하지 못하고 있고, 프롤레타리아 독재를 소홀히 함으로써 아군과 적군 간의 투쟁에 대한 경계심이 느슨해져, 사회주의와 자본주의 두 가지 길 간의 투쟁을 거머잡지 못해왔다."라는 점을 지적하고, 종래의 베트남 공산당의 사회주의건설 모델을 견지하면서 그 틀 속에서 유통분배 문제를 해결할 필요성을 강조했다.

중앙위원회 총회에서는 유통분배가 중요한 문제였고, 가격 - 임금 - 통화에 관한 근본적인 개혁이 필요하다는 점에 의견의 일치를 보았지만, 구체적인 해결책을 두고는 다양한 의견이 존재하여 당분간 모색이 계속되었다. 레 주언 서기장의 발언에서 시장메커니즘이라는 말이 나오지만, 이것은 당시 사회주의 국가에서 문제되고 있었다. 사회주의 경제계획의 길로서 시장 메커니즘을 도입한다는 발상은 다양한 사회주의 나라에서 형성되어 있었지만 이 시기에는 소련에서도 이러한 발상이 정통으로 취급받지 못했다. 소련의 원조로 건설된 다강의 대규모 수력발전소를 방문한 소련의 고관도 "다강의 발전소야말로 사회주의이며, 베트남의 사회주의는 동 쑤언 시장에 있는 게 아니다."라고 말했다. 동 쑤언 시장은 하 노이에서 가장 큰 소매시장으로 국영의 상업 판매소와 함께 '자유'시장의 점포도 즐비하여 식량이 부족한 하 노이에서 가장 활기 넘치는 장소였다. 따라서 소련 고관의 발언은 분명히 시장 메커니즘의 도입으로 나아가는 것에 대한 경고였다.

쯔엉 찐은 제5차 중앙위원회 총회 이후 보다 발본적인 개혁을 지향하는 10명 남짓의 경제에 밝은 지식인으로 구성된 사적 자문그룹을 만들어서 경제관리 메커니즘의 연구를 개시했다. 쯔엉 찐이 자문그룹의 의견에 고무되어 유통분배의 문제에 대해 발언한 것은 1984년 7월에 개최된 베트남공산당 제5기 제6차 중앙위원회 총회였다. 먼저 쯔엉 찐은 "위가 관료적이기 때문에 금령을 어기면서 밖에 살아갈 수밖에 없다."라는 것이 베트남의 현상이며 "관료주의, 국가가 비용을 전부 대주는 방식, 보수, 정체"가 경제적 곤란의 주요한 원인이라고 지적한 후, 이들 요인이 집중적으로 드러나는 가격 – 임금 – 통화의 문제가 '특별의 고리'이며, 이곳을 돌파구로 하는 근본적인 개혁을 하지 않는 한 곤란한 상황을 타개할 수 없다고 했다. 더욱이 쯔엉 찐은 가격 문제에 대해 다음과 같이 발언했다.

"국내와 세계의 시장이 크게 변동하고 있는 때에, 우리는 경직된 값싼 가격체계를 수립하고 그것을 안정된 것으로 보아 왔다. 하지만 실제로는 그로 인해 국가의 이익과 노동자 계급과 근로자라는 혁명의 기축이 되어야 할 대열의 이익에 큰 손실을 입혀 버렸다. 현실은 우리가 가격을 낮게 설정하면 할수록 시장가격에서 벗어나면 벗어날수록 국가와 노동자 계급의 손해는 점점 커졌다."

쯔엉 찐은 이때의 발언에서 시장메커니즘이라는 말을 사용하지 않았지만, 시장의 실세를 따르지 않는 가격체계를 국가가 유지한다는 것은 기본적으로 문제라고 지적했던 것이다. 또한 그는 다음과 같이 말했다.

"우리는 과도기를 빨리 종식해 조급히 완전한 사회주의 건설 시기에 들어가고 싶다는 주관적이며 안달하는 경향과 투쟁해야 한다. 이러한 경향은 가격법칙을 경시한다. 비非사회주의적인 경제 성분을 존재하게 하는 기초조건이 아직도 존재한다. 사회주의적 경제 성분이 그 진지를 한 걸음 한 걸음 확대하려고 노력하고 있는 때에, 아직도 한꺼번에 모든 영역을 지배할 수 없는 때에, 비非 사회주의적 성분을 가능한 한 신속히 허물어 없애 버리는 편이 좋다고 생각하는 사상에 구현되어 있다."

이런 발언은 레 주언 서기장을 비롯한 당시 공산당의 주류적인 생각에 대한 비판이었다. 그들은 물가상승의 기본적인 원인을 부르주아 분자의 투기 활동에서 찾으면서 상업부문에서 자본가의 존재를 신속히 허물어 없애 버리고 사회주의 상업에 의한 관리철저를 추구하고 있었다. 쯔엉 찐은 정치국 제2위의 지위에 있었고, 전체를 통합해야 했던 레 주언 서기장보다도 자유로운 처지에 있었던 것도 다행이었지만, 제6차 중앙위원회 총회에서 행한 쯔엉 찐의 발언은 당시로선 매우 대담한 것이었다. 그래서 중앙위원회 총회의 결정을 공표할 때는 이례적으로 결의와 서기장의 발언 이외에 쯔엉 찐의 발언도 게재한 문헌집이 작성되어 당내 토론에 붙여졌다.

이때 쯔엉 찐의 발언 가운데 공산당중앙위원회 전체가 합의한 것은 가격 - 임금 - 통화의 개혁이 돌파구라는 부분이었다. 이듬해 1985년 6월에 개최된 공산당 제5기 제8차 중앙위원회 총회에선 가격 - 임금 - 통화의 일제 개혁 단행이 의결되었다. 이 개혁은 배급제도를 폐지하고 배급가격을 없애 국가의 가격체계를 단일화하고, 그 대신에 생필품의 구매에 필요한 돈을 임금에 포함하는 것을 골자로 한 것이었다. 이와 함께 통화 호칭 단위의 절하와 새로운 통화 발행을 시행했다. 그러나 1985년 가을부터 실시된 이 개혁은 연평균 700%를 넘는 인플레이션을 초래하여 베트남경제를 대혼란에 빠뜨려 버렸다. 기본적인 원인은 개혁이 종래의 사회주의적 경제관리모델 그 자체에 수정을 가하지 않은 채 단행됐기 때문에 결국은 국가의 공정가격을 시장가격 수준으로 인상하는 결과로 끝났다는 점, 즉 '헌 포대에 새 술을 담는' 개혁이었다는 점에 있었다.

대개혁의 좌절은 베트남공산당 내부의 논쟁을 보다 격화시켰다. 당시 당내의 논의는 3가지로 분류할 수 있다. 첫째, 배급제도의 폐지, 단일가격체계로 이행하는 조치 자체에 잘못이 있어 이전의 방식으로 복귀해야 한다는 이른바 보수적인 견해이다. 둘째, 개혁 자체는 옳았지만 방식이 서툴렀기 때문에 부분적인 수정을 가하여 더욱 견실한 방법으로 개혁해야 한다는 중도적인 견해이다. 셋째, 실천의 면에서는 두 번째 생각과 큰 차이는 없지만, 혼란을 초래한 원인을 국가가 비용을 전부 대주는 시스템을 지탱해 온 사회주의에 대한 보수적인 발상에서 찾고, 이러한 발상을 일소하지 않는 한 개혁의 효과는 나오지 않는다는 개혁 촉진적인 견해이다. 레 주언 서기장은 둘째의 입장을, 쯔엉 찐은 셋째의 견해를 보였다.

4. 도이 머이의 제창으로

당시 베트남공산당은 5년에 한 번 개최하기로 되어 있던 당대회의 준비 과정에 있었다. 제6차 당대회를 목표로 중앙위원회의 정치보고 초안이 채택된 1986년 5월 말부터 6월에 걸쳐 개최된 제5기 제10차 중앙위원회 총회가 종료된 후인 같은 해 7월, 레 주언 서기장이 서거하는 사태가 발생했다. 공산당은 당내 서열에 따라 쯔엉 찐에게 대회까지 잠정적으로 서기장 역할을 맡겼다. 레 주언 서기장은 만년에 전횡을 휘두르는 경향도 보였다고 하지만, 호찌민이 남긴 당의 집단지도제 틀을 파괴하여 자신의 측근으로 정치국을 확고히 하지는 않았다. 경제상태는 베트남전쟁 종결 후 10년이 지났는데도 전혀 개선되지 않았을 뿐 아니라 오히려 악화한 면조차 있어서 대중의 불만은 극에 달했다. 당의 실정이 만들어 낸 사회불안은 호찌민이 30년 전의 토지혁명 과오의 때에 직면한 문제와 똑같이, 아니 그보다도 더 심각한 상태였다. 쯔엉 찐은 그때까지의 '가난함을 함께 나누는 사회주의'와 결별을 공산당이 선언하는 이외에 위기에서 탈출할 길은 없다

하이 퐁 소재 전기부품공장에 그려진 '도이 머이는
자신부터 시작하지 않으면 안 된다'라는 표어

고 판단한 것 같다. 이러한 쯔엉 찐의 위로부터의 지도력과 대중의
공기를 반영한 당내의 아래로부터의 강한 의견이 호응하면서 레 주
언의 생전에 작성된 당대회를 목표로 한 정치보고 내용은 대폭 수정
됐다. 마침 소련에서 개시된 고르바초프Mikhail Gorbachev의 페레스트
로이카도 이 과정에서 순풍 역할을 했다.

　제10차 중앙위원회 총회에서 채택된 정치보고초안(이하 초안으로 약
칭)은 현재의 경제적 혼란을 초래한 주요 원인을 공산당의 경제에
대한 지도의 중대한 잘못에서 찾고 "사회주의 건설사업의 구체적인
모든 문제에 대해 바르지 못한 인식을 적절하게 극복하지 못했다."
라는 것을 인정했다. 그러나 동시에 "제4차 당대회가 제기한 사회주
의혁명의 총노선, 과도기 전체의 사회주의 경제건설의 노선은 옳았
고 창조적이었다. 제5차 당대회가 이 노선을 보충·구체화한 과도기
최초 단계에서의 목표와 큰 방침도 옳았다."라고 함으로써, 그때까지

베트남공산당의 사회주의에 관한 기본적인 노선의 '올바름'도 강조했다.

그러나 초안은 토의 과정에서 골격이 크게 수정되었다. 쯔엉 찐이 제기한 '사실을 직시하고 진실을 말한다'라는 구호는 공산당 경제 지도의 결함을 더욱 깊이 파고드는 방향으로 당내에서 토의를 끌어내는 역할을 했다.

그 결과 1986년 12월에 개최된 베트남공산당 제6차 대회에서 쯔엉 찐이 실제로 한 정치보고에서 "달성된 성과를 확인함과 동시에 우리는 약점을 점검하는 것을 중시하고, 잘못과 결함을 깊이 분석하여 원인을 밝혀내어 임무와 노력의 목표를 정해야 한다."라는 것이 처음으로 강조되어, 경제적 곤란을 초래한 공산당의 주체적 원인분석에 역점이 두어졌다. 이런 내용은 대회의 정치보고가 과거의 당대회 노선에 대해 행한 다음과 같은 총괄 속에 더 명확히 제시되어 있다.

"사회주의에 이르는 과도기가 비교적 장기인 역사적 과정에 있다. 많은 단계를 거쳐야만 한다는 사실에 대해 충분한 인식 없이 필요한 절차를 밟지 않으려는 주관적이며 조급한 지도 사상 때문에, 제4차 대회는 과도기 최초 단계의 목표를 책정할 수 없었다. 우리는 1976년부터 1980년에 걸쳐 실제로 필요한 전제가 아직 충분하지 않음에도 공업화의 촉진을 방침으로 정했고, 다른 한편에선 시대에 뒤떨어진 경제관리시스템의 쇄신을 지체시켜 버렸다. 제5차 대회는 두 가지의 전략적 임무(저자 주: 사회주의 건설과 조국 방위)를 정함과 동시에 당면의 단계에서 경제 노선을 한 걸음 더 구체화 시켜 포괄적인 목표와 경제·사회의 기본적 정책을 제기했다. 그러나 실천적 지도에 있어 이 중요한 결론을 관철하지 못했으며 경제의 구성, 사회주의적 개조, 경제 관리시스템에 관한 방침에 주로 나타나 있듯이 조급한 사상과 보수적인 사상을 단호하게 극복하지 못해왔다."

대회의 정치보고는 이러한 총괄에 근거하여 '도이 머이'(쇄신)를 제기했으며, 이것은 '가난함을 함께 나누는 사회주의'와 결별을 선언한 것과 같았다. 정치보고에서 강조한 '발상의 쇄신'이라는 사회주의에 관한 기본적 사고방식의 전환은 이하의 네 가지 점에 집약적으로 표현되어 있다.

첫째, 사회주의가 내일 당장이라도 실현될 수 있을 것 같은 발상에서 결별하여 사회주의에 이르는 과도기가 비교적 장기인 역사적 과정이라는 것이 강조되었다. 베트남이 '과도기 최초 단계'에 있다는 인식은 1982년 개최된 제5차 대회에서 이미 제기되었지만, 이 시점에서는 과도기의 길이에 관한 합의는 존재하지 않았다. 그 때문에 과도기가 고작 몇 차례의 5개년 계획으로 끝날 것으로 생각한 사람들에게 '과도기 최초 단계'는 다양한 어려움으로 인해 어쩔 수 없는 타협을 강요받는 매우 단기의 기간이며, 이 기간만 잘 극복하면 정통적인 사회주의 건설을 기대할 수 있다고 여겼기 때문에 본격적인 개혁을 방해했다. 역으로 제6차 대회에서 명시된 '과도기의 장기성'이라는 사고방식은 사회주의를 먼 장래의 꿈으로 보았기 때문에 당면의 경제운용에는 자본주의적 요소를 집어넣는 등 대담한 개혁을 가능하게 하는 발상이었다.

둘째, 종래의 중공업 우선 노선은 과도기 전체의 과제를 최초 단계에도 기계적으로 적용한 것이어서 베트남의 현실에 맞지 않았다. 당면의 단계에서는 '농업을 제1전선'으로 하는 등 민생의 안정을 중시하면서 현실적인 경제건설을 추구해야 한다고 여겨지게 되었다.

셋째, 생산력 수준을 무시한 국유화·집단화도 과도기의 장기성을 무시한 방침이며, 베트남의 현실에서는 시장경제원리를 도입하여 자본주의적 요소도 포함한 여러 성분으로 이뤄진 혼합경제 체제를 취하는 쪽이 합법칙적이라고 여겨지게 되었다.

넷째, 일국 규모로 완결된 산업체계를 급속히 건설하는 것을 목표로 한 자력갱생 노선도 잘못이며, 베트남의 경제발전은 국제분업에 적극적으로 참여하여 베트남이 비교우위를 발휘하는 이외의 방법은 없다고 여겨지게 되었다.

쯔엉 찐의 '사실을 직시하고 진실을 말한다'라는 구호는 30년 전의 토지혁명의 과오에 대해 자기비판을 했을 때, 호찌민이 말했던 '타인의 의견을 경청하고 현실을 직시하라'라는 말을 떠올리게 한다. 많은 사람들은 이 구호 아래 종래 공산당의 경제운영에 대해 자기비판을 행하고 도이 머이를 호소하는 노 서기장 쯔엉 찐의 모습에서 호찌민을 연상했다고 한다. 쯔엉 찐의 머릿속에는 토지혁명의 자기비판을 하면서 자신을 서기장에서 해임하게 했을 때의 호의 모습이 떠올랐을지 모른다. 이처럼 쯔엉 찐은 베트남공산당이 도이 머이의 제창을 단행하는 데 큰 역할을 했다. 쯔엉 찐은 제6차 대회에서 팜 반 동과 함께 정치국에서 물러나 그들보다 약간 젊은 응우옌 반 린이 서기장으로 선출되었다. 호찌민의 직계 제자는 공산당의 최고지도부에서 은퇴한 것이다. 그러나 호의 직계 제자의 최후투쟁은 도이 머이를 베트남공산당에 남겨놓았다.

5. 캄보디아 문제

　베트남전쟁 종결 후 베트남의 걸림돌은 캄보디아 문제였다. 폴 포트Pol Pot 정권이 1975년 4월 캄보디아의 정권을 장악하자, 그때까지 미국과의 전쟁에서 동맹관계에 있던 베트남의 국경 일대에서 군사공격을 감행했다. 중국이 폴 포트 정권을 지지했기 때문에 통일을 달성한 지 얼마 되지 않은 베트남은 자신의 안전보장에 위기감을 느껴, 1978년 12월에 베트남군을 대량으로 캄보디아로 진격시켰다. 이듬해 1979년 1월에는 프놈펜에 반反 폴 포트파 캄보디아인으로 구성된 구국전선 정권을 수립시켰다. 이러한 베트남군의 행동은 캄보디아 국내에서는 캄보디아인을 폴 포드 정권에 의한 학살의 공포에서 해방시키는 역할을 했지만, 국제적으로는 이웃 나라의 정통 정부를 무력으로 타도하는 침략행위로 규탄 받았다. 중국은 1979년 12월 '징벌'이라 칭하며 베트남을 공격하면서 중월전쟁이 발생했을 뿐 아니라 일본을 포함한 서방 제국, 아세안 여러 나라도 베트남을 비난함으로써 베트남은 국제적으로 고립되었다.

　이러한 베트남의 행동은 인도차이나라는 틀이 베트남의 프랑스 및 미국에 대한 전쟁에서 담당한 큰 역할을 고려한다면 이해할 수 없는 것은 아니었다. 프랑스가 제1차 인도차이나전쟁의 마지막 국면에서 디엔 비엔 푸에 진지를 구축한 것은 라오스 정세의 악화를 저지하려 했기 때문이며, 이른바 베트남은 라오스 덕택으로 전쟁에서 승리할 수 있었다. 또한 베트남전쟁에서 뗀 공세 이후 남베트남에서 열세를 만회할 수 있었던 것도 1970년 캄보디아에서 전쟁이 확대되어 이곳에서 반미세력이 급속히 우위를 획득할 수 있었기 때문이었다. 이런 의미에서 인도차이나는 저항전쟁과 안전보장에 있어 매우 중요한 의미를 지닌 틀이었다.

그러나 이러한 인도차이나의 연대에는 하나의 큰 문제가 있었다. 그것은 인도차이나의 틀 속에 있어 베트남이 압도적으로 대국이며 아무리 해도 베트남 중심의 통합으로 되지 않을 수 없다는 문제였다. 그래서 인도차이나공산당에서 탄생한 캄보디아와 라오스의 공산주의자 사이에서는 베트남의 '대국주의'에 대한 반발이 늘 존재했다. 폴 포트파는 그 극단적인 발로였다.

호찌민은 인도차이나공산당을 결성하라는 코민테른의 의사에 반해, 자신이 창당한 베트남인의 공산당을 베트남공산당으로 명명한 것처럼 베트남혁명이 손쉽게 인도차이나혁명 속으로 사라지는 것에 저항했지만, 캄보디아 및 라오스 간의 연대에 소극적이지는 않았다. 그런 호가 프랑스와 벌인 전쟁 무렵부터 캄보디아 및 라오스에 대한 베트남의 지원을 '친구를 원조하는 것은 자신을 돕는 것이다'라고 강조했다. 이런 태도는 캄보디아와 라오스에 대한 지원에 소극적인 자세를 불식시키기 위한 것이며, 동시에 은혜라도 베푸는 듯한 국제주의적 의무의 발상에서 캄보디아 및 라오스와의 사이에 문제가 발생하는 것을 경계하고 있었다. 베트남은 자신을 위해 캄보디아 및 라오스를 지원하고, 양국도 자신의 이익을 위해 베트남과 협력한다는 논리는 매우 명쾌한 지침이었다.

1970년대 말부터 1980년대에 걸쳐 베트남의 캄보디아 관여는 '친구를 원조하는 것은 자신을 돕는 것이다'라는 관점에서 보면 분명히 적절한 행동은 아니었다. 폴 포트 정권하에서 심한 파괴를 당한 캄보디아 사회의 재건은 베트남이 해결할 수도 없는 문제를 짊어진 것이었고, 베트남 자체의 국제적 고립을 초래하는 문제였다. 베트남의 지도자가 이것을 자각한 것은 도이 머이 제창 이후의 일이었다.

베트남은 캄보디아 문제로 국제정치 무대에서 아세안 국가들과 대립했다. 그러나 역설적으로 캄보디아 문제가 베트남과 아세안 간의 접근을 촉진한 면도 있다는 것을 간과해서는 안 된다.

먼저 베트남이 캄보디아 문제로 중국을 최대의 적으로 간주하게 되자, 아세안은 적이 아니라 어디까지나 베트남의 처지를 이해할 수 있도록 설득해야 할 상대가 되었다. 또한 베트남은 폴 포트 정권하에서 해방된 캄보디아 사람들이 필요로 하는 소비물자의 공급능력이 없어서 타이와 싱가포르에서 물자가 캄보디아로 들어가는 것을 묵인 혹은 장려했다. 이런 가운데 아세안 측도 베트남을 철저히 몰아붙여서는 안 된다는 인식이 점차 형성되었다.

이러한 복선이 있었기에 1991년 10월 캄보디아 문제에 관한 파리 협정이 체결될 수 있었다. 국제문제로서 캄보디아 문제가 해결되자, 베트남과 아세안의 관계는 급속히 개선·발전하여 베트남은 1995년 7월 아세안에 정식 가맹했다.

베트남의 아세안 가맹은 동남아시아 지역 가운데 자신을 자리매김하려는 베트남 근현대사의 과제의 하나가 실현된 것을 보여주는 사건이었다. 이 사건이 도이 머이라고 하는 한자로 고칠 수 없는 일본식으로 말하면 야마토언어(역주: 한어와 외래어를 제외한 일본 고유어를 말함. 한국어로 말하자면 순수 한글의 고유어에 해당함)에 해당하는 말이, 처음으로 베트남의 주요한 구호로 실현된 것은 의미심장하다. 호찌민이 추진하면서 생전에 미완으로 남아있던 과제를 실현했다는 의미로 이런 것들을 볼 수 있지 않을까 한다.

베트남이 동남아시아 지역의 지역국가로 자리매김을 하는 데 책의 서두에서 언급한 인류문명에 열린 시야를 가지고 베트남의 전통문화에도 뿌리내린 호찌민사상이 국내 통합의 상징이 된 것이다.

6. 호찌민을 넘어

도이 머이는 베트남의 모습을 크게 변화시키고 있다. 이러한 큰 사회변혁 과정에서 베트남공산당과 베트남 국민의 통합을 유지해 나가는 것은 쉬운 일이 아니다. 원래 베트남 사람들은 권력에 대한 복종심이 약하고 모두 제각각의 방향으로 나아가는 사회를 형성하고 있다. 호찌민의 '독립과 자유보다 더 고귀한 것은 없다'라는 말에서 독립을 개인의 독립심, 자유를 마음 내키는 대로의 뜻으로 바꾸면

국가정치학원(구 응우옌 아이 꾸옥 고급당교)에서 필자

이것만큼 베트남인들의 기질을 딱 맞게 표현한 말은 없다는 의견조차 있다. 이와 같은 베트남인 사회의 대변혁을 통합해 내기 위해서는 호찌민이라는 상징은 아직 필요한 것 같다.

그러나 여기서 소개한 도이 머이 제창의 과정, 그리고 도이 머이가 만들어 낸 호찌민사상의 제창은 호찌민을 넘어서려는 시도를 제약하기 쉽다는 측면을 지니고 있다. 필자는 이 점이 마음에 걸린다. 베트남은 약진이 두드러지는 서태평양의 경제권에 자신을 자리매김하기 위해 국민경제의 고도성장을 목표로 하고 있다. 베트남인의 기질로 볼 때도 이러한 고도경제성장 노선 이외에 베트남이 선택할 수 있는 길이 없다는 점도 확실하다. 하지만 21세기를 눈앞에 둔 인류사회는 에너지 다소비형의 경제발전을 대신하는 길을 모색해야 하고, 또한 국민국가 통합의 존재방식도 검토하지 않으면 안 되는 시대에 돌입해 있다. 우리와 같이 베트남인들도 이런 새로운 인류사적 과제에 어떻게 답할 것인가라는 시련에 직면해 있다. 이런 시대에는 20세기가 낳은 위인 가운데 한 명인 호찌민을 넘어서려는 시도가 필요하다.

필자는 호찌민을 인류사적 시점에서 볼 때 20세기의 위인이라고 단언하는 데 조금도 주저하지 않지만, 호가 20세기의 대표적인 대중운동인 민족해방운동의 기수였다는 것은 호가 베트남을 탄생하게 한 민족과 끊으려야 끊을 수 없이 연결되어 있다는 것을 의미한다. '호찌민 주석은 영원히 우리들의 사업 속에 살아 있다.' 이 말은 '베트남공산당 만세'나 '베트남사회주의공화국 만세'라는 말보다도 베트남인들의 심금을 울리는 표현이다. 호찌민의 평가가 베트남의 발자취와 한 몸이라고 한다면, 필자는 이 말이 베트남인들의 사상을 제약하는 것이 아니라 21세기의 인류적 과제를 향해 확대되는 방향으로 작용하는 것, 바꿔 말하면 호찌민의 이름에 의해 호찌민을 넘어서려는 시도를 정당화하는 방향이 생성되기를 염원한다.

....

참고문헌

일본어

(1) グエン・リン・ニエップ(坂本德松譯),『ホ−おじさん』, 理論社, 1954年.

(2) 小松涛,『ヴェトナム』, 新潮社, 1955年.

(3) 坂本德松・大類純編,『解放の思想, ホ−・チ・ミン』, 大和書房, 1966年.

(4) ホ−・チ・ミン他(池田よしなえ譯),『英雄の國』, 青年出版社, 1966年.

(5) 岡本隆三,『ホ−・チ・ミン—ベトナム解放の父』, 弘文堂, 1966年.

(6) 日本共産黨中央委員會譯,『ホ−・チ・ミン選集』第3卷, 新日本出版社, 1968年.

(7) ベルナ−ル・B・ファル(内山敏譯),『ホ−・チ・ミン語錄』, 河出書房, 1968年.

(8) ジャン・ラクチュ−ル(吉田康彦・伴野文夫譯),『ベトナムの星—ホ−・チ・ミンと指導者たち』, サイマル出版會, 1968年.

(9) 日本ベトナム友好協會,『ホ−・チ・ミン わが祖國の自由と獨立』, 新日本出版社, 1969年.

(10) ホ−・チ・ミン他(池田よしなえ譯),『ホ−・チ・ミン回想錄』, 青年出版社, 1969年.

(11) ホ−・チ・ミン(秋吉久紀夫譯),『獄中日記』, 飯塚書店, 1969年.

(12) ベトナム勞動黨中央黨史研究委員會(真保潤一郎譯),『正傳 ホ−・チ・ミン』, 毎日新聞社, 1970年.

(13) 川本邦衛,『ホ−・チ・ミンの詩と日記』, 朝日新聞社, 1970年.

(14) アジア・アフリカ研究所編,『資料・ベトナム解放史』, 勞動旬報社, 1970-71年.

(15) ボ－・グエン・ザップ(竹内与之助譯),『總蜂起への道』, 新人物往來社, 1971年.

(16) デービット・ハルバ－スタム(新庄哲夫譯), 『ホ－・チ・ミン』, 角川書店, 1971年.

(17) ベトナム勞動黨黨史編纂委員會・ベトナム外文書院共編(原大三郎・太田勝 洪譯),『ホ－・チ・ミン』, 東邦出版, 1972年.

(18) C・P・ラジョー(山田照美譯),『ホ－・チ・ミン』, 福村出版, 1974年.

(19) チャールズ・フェン(藤井三郎譯),『ホ－・チ・ミン傳』, 上下, 岩波新書, 1974年.

(20) ホ－・チ・ミン他(日中翻譯センタ－譯),『ホ－・チ・ミンとその戦友たち』, 青年出版社, 1975年.

(21) 芝田進午,『ベトナムと人類解放の思想』, 大月書店, 1975年.

(22) ホ－・チ・ミン,『わが民族は英雄』, 新日本出版社, 1976年.

(23) 大森實,『ホ－・チ・ミン－不倒の革命家』, 講談社, 1979年.

(24) 白石昌也,「ホ－・チ・ミンの指導者像に關する一考察」,『高崎經濟大學論集』第30卷第3・4號合併號, 1988年3月, 第31卷1號, 1988年6月.

(25) キム・アイン(治部康利譯),『ホ－・チ・ミン物語』, 1988年.

(26) 櫻井由躬雄,『ハノイの憂鬱』, めこん, 1989年.

(27) ヴ－・キ－(在ベトナム日本人留學生譯),『遺書を書いたホ－おじさん』, ベトナム外文出版社, 1990年.

(28) ボ－・グエン・ザップ(中野亜里譯),『忘れられない年月』, 穂高書店, 1992年.

(29) 白石昌也,『王権の喪失・ヴェトナム8月革命と最後の皇帝』, 土屋健治編,『講座現代アジア1 ナショナリズムと國民國家』, 東

京大學出版會, 1994年.

(30) 坪井善明,『ヴェトナム―'豊かさ'への夜明け』, 岩波新書, 1994年.

(31) 木之内秀彦, 「中越ソ'友好'成立の断面―1950年のベトナムをめ
    ぐって」,『東南アジア研究』第32卷3號, 1994年12月.

(32) ファム・カク・ホエ(白石昌也譯),『ベトナムのラスト・エンペ
    ラー』, 平凡社, 1995年.

(33) 栗原浩英, 「コミンテルンのベトナム人活動家―1930年代イン
    ドシナ共産黨内の對立と矛盾」,『アジア研究』第41卷3號, 1995年
    8月.

(34) 古田元夫,『ベトナムの世界史』, 東京大学出版會, 1995年.

(35) 日本ベトナム友好協會機関紙,『日本とベトナム』에 1980년대에
    단속적으로 게재된 사이토 켄齊藤玄의 호찌민론.

베트남어

(1) Ho Chi Minh Toan Tap, tap Ⅰ-Ⅹ, Nha xaut ban Su that, Ha Noi:
    1980-89. 베트남에서 출판된 공식의 전집. 현재로선 가장 체계적인
    호찌민저작집이지만, 수록되어 있는 작품은 출판 시기의 정치정세가
    강하게 반영되어 있다. 또한 원문과 차이도 있어서 이용에는 주의를
    필요로 한다.

(2) Ho Chi Minh Toan Tap, tap Ⅰ-Ⅲ, Nha xuat ban Chinh tri quoc
    gia, Ha Noi: 1995. 베트남에서 1995년부터 출판이 시작된 새로운 전
    집. (1)의 1980년대 판에 비하면 종합적이며 정확도가 매우 높다.

(3) Tran Ngoc Danh, Tieu Su Ho Chu Tich, tap Ⅰ, Chi hoi Lien Viet
    tai Phap, 1949, tap Ⅱ, Van hoa lien hiep, 1951, tap Ⅲ, Van hoa lien
    hiep, 1952. 베트남에서 출판된 가장 널리 보급된 호찌민전이다. (4)의
    원본이다. '냉전 사관'의 영향이 적고 (4)와 비교하면 베트남에 있어
    호의 전기와 관련한 공식 취급의 변천을 더듬어 찾아볼 수 있다.

(4) Tran Dan Tien, Nhung Mau Chuyen ve Doi Hoat Dong cua Ho Chu Tich, in lan thu hai, Nha xuat ban Su that, Ha Noi: 1976. 상기 (3)의 해설을 참조.

(5) Vien Nghien Cuu Chu Nghia Mac Le-nin va Tu Tuong Ho Chi Minh, Ho Chi Minh Biem Nien Tieu Su, tap Ⅰ-Ⅵ, Nha xuat ban Chinh tri quoc gia, Ha Noi: 1993-95. 베트남에서 출판된 호의 생애와 관련하여 가장 상세한 연표이다. 현재 1957년까지를 수록한 제6권까지 간행되어 있다.

(6) Bao Tang Ho Chi Minh, Ho Chi Minh Nhung Su Kien, Nha xuat ban Thong tin ly luan, Ha Noi: 1990. 한 권으로 정리된 호의 생애 관련 연표이다.

(7) Ban Nghien Cuu Lich Su Dang Trung Uong, Lich Su Dang Cong San Biet Nam, tap Ⅰ, Nha xuat ban su that, Ha Noi: 1981. 현재로서는 가장 체계적인 베트남의 공식 공산당사로 1954년까지 다뤄져 있다.

(8) Vien Nghien Cuu Chu Nghia Mac Le-nin va Tu Tuong Ho Chi Minh, Lich Su Dang Cong San Viet Nam, tap Ⅱ, Nha xuat ban Chinh tri quoc gia Ha Noi: 1995. 1954년부터 1975년까지를 다룬 최신의 가장 체계적인 공산당사이다.

(9) Hoang Van Hoan, Giot Nuoc trong Bien Ca, Nha xuat ban Tin Viet Nam, Bac Kinh: 1986. 중국으로 망명한 전 노동당정치국원이었던 호 앙 반 호안의 회고록으로 베이징에서 출판되었다.

(10) Hoang tung, Duc Vuong, Dong Chi Truong Chinh, tap Ⅰ, Ⅱ, Nha xuat ban Su that, Ho Noi: 1990-91. 쯔엉 찐의 전기. 1930년대 말부터 1940년대를 다루고 있다.

(11) Uy ban Khoa Hoc Xa Hoi Viet Nam, Ho Chi Minh Anh Hung Giai Phong Dan Toc Danh Nhan Van Hoa, Nha xuat ban Khoa hoc xa hoi, Ha Noi: 1990. 1990년 호찌민탄생 100주년을 기념한 논문집. 호

찌민사상 제창의 기초가 되는 논점이 종합되어 있다.

(12) Gop Phan Tim Hieu Tu Tuong Ho Chi Minh, Nha xuat ban Su that, Ha Noi: 1992. 호찌민사상 제창과 관련하여 베트남에서 지도적인 입장에 있는 사람의 논문집.

(13) Nghien Cuu Tu Tuong Ho Chi Minh, tap Ⅰ-Ⅲ, Vien Ho Chi Minh, Ha Noi: 1993. 호찌민사상의 연구잡지. 현재 베트남에서 호찌민사상을 둘러싸고 공표 가능한 논점이 종합적으로 제시된 논문집이다.

(14) Vien Quan He Quoc Te Bo Ngoai Giao, Chu Tich Ho Chi Minh voi Cong Tac Ngoai Giao, Nah xuat ban Su that, Ha Noi: 1990. 베트남 외무성 부속의 국제관계연구소가 편찬한 호찌민의 외교활동 관련 서적이다.

(15) Tran Van Giau, Thanh Cong cua Chu Nghia Mac Le-nin, Tu Tuong Ho Chi Minh, Nha xuat ban Thanh pho Ho Chi Minh, Ho Chi Minh: 1993. 인도차이나공산당 시대부터 유력한 활동가로 베트남에서 가장 권위가 있는 역사가이자 사상가인 쩐 반 자우가 1920년대부터 8월혁명까지의 시기 베트남에 있어 마르크스-레닌주의가 어떻게 전파되었는지를 다룬 연구서이다. 호찌민의 역할을 높게 평가하는 시각에서 집필되었다.

(16) Nguyen The Anh, "Tu mong lam quan den duong cach mang: Ho Chi Minh va Truong Thuoc dia," Duong Moi, so 1, 1983. 호찌민이 1911년 식민지관리양성학교에 제출한 원서를 처음으로 다룬 논문이다.

(17) Phan Ngoc Lien, Trinh Tung, "Ven don xin hoc Truong Thuoc Dia Phap cua Nguyen Tat Thanh nam 1911," Nghien Cuu Lich Su, so 276, 1994. 호찌민이 1911년 식민지관리양성학교에 제출한 원서와 관련한 (16) 및 아래의 〈기타의 외국어〉(4)의 에므리의 논문에 대한 베트남 본국 연구자의 반론이다.

(18) Thanh Tin, Mat That-Hoi Ky Chinh Tri cua Bui Tin, Tuppin Press,

1994. 서방에 망명한 베트남공산당기관지 《년 전》의 부편집장의 회고. 현대 베트남 급진개혁파의 호찌민론을 알 수 있는 서적이다.

기타의 외국어

(1) Jean Sainteny, Face à Ho Chi Minh, Édition Seghers, Paris: 1970.

(2) Paul Mus, Ho Chi Minh, le vietnam, l'Asia, Éditions du Seuil, Paris: 1971.

(3) Daniel Hémery, Ho Chi Minh: de l'Indochine au Vietnam, Éditions Gallimard, Paris: 1990.

(4) Daniel Hémery, "Jeunesse d'un colonisé, genèse d'un exil:Ho Chi Minh jusqu'en 1911," Approches Asie, No 11, 1992.

(5) Archimedes L. A. Patti, Why Vietnam, University of California Press, 1980.

(6) Bui Tin, Following Ho Chi Minh, Hurst & Company, London: 1995.

(7) 黃錚, 『胡志明與中國』, 解放軍出版社, 北京, 1987年.

연도	월일	내용
1890	5.19	응에 안 성·남 단 현·호앙 쭈 마을(현재의 낌 리엔 마을)에서 출생(출생 연도에 대해서는 여러 설이 있다. 책 내용을 참조)
1895	–	부친을 따라 후에서 생활
1901	–	부친의 고향인 응에 안 성·남 단 현·낌 리엔 마을에서 생활
1905	7	판 보이 쩌우 등에 의한 동유운동 시작 응에 안 성·빈 시의 초등학교에 입학
1906	–	부친을 따라 후에로 가서 동 바 초등학교에서 배움
1907	–	후에의 국가학당에 입학
1908	–	국가학당을 퇴학
1909	–	부친을 따라 빈 딘 성, 빈 케 현으로 감
1910	–	판 티엣의 둑 타인 학교에서 예비 교원으로 근무
1911	6.5	프랑스 선박 트레빌호의 선원으로서 사이 공에서 출국
	9.15	프랑스의 식민지관리양성학교에 입학 지원서 제출
1912	–	프랑스 선박의 선원으로 아프리카 각지를 방문
	12	미국으로 건너가 뉴욕시 근교에서 거주
1913	–	미국에서 영국으로 건너가 런던에서 거주
1914	7.28	제1차 세계대전 발발
	8	런던에서 판 쩌우 찐에게 편지를 보냄
1917	–	영국에서 프랑스로 건너와 파리에 거주
1919	–	프랑스사회당에 참가
	6.18	베르사유 강화회의에 '안남 인민의 요구'를 제출
1920	7	레닌의 '민족문제와 식민지 문제의 테제 원안'을 읽음
	12	프랑스사회당대회에 참가하여 당의 코민테른 가맹을 지지함
1921	10	식민지동맹 결성
	12	프랑스공산당 제1차 대회에 참가

연도	월일	내용
1922	4.1	《르 파리아》지 창간
1923	6.30	프랑스에서 소련에 도착
	10	농민인터내셔널 제1차 대회에 참가
	12	동방근로자공산주의대학에 입학
1924	4.14	코민테른동방국의 부원이 됨
	6-7	코민테른 제5차 대회 참가
	11.11	중국 광저우에 도착
1925	6	베트남청년혁명회 결성
	7.9	피억압민족연맹을 결성
1927	5	장제스의 반공 쿠데타로 인해 광저우를 떠나 소련으로 감
1928	7	시암에 도착하여 거주 베트남인 사이에서 활동
1929	12.23	베트남인 공산주의 그룹의 대립 문제 해결을 위해 홍콩에 도착
1930	2.3	홍콩에서 베트남인 공산주의 그룹의 통일회의, 베트남공산당 결성 (1월이라는 설도 있음)
	10	쩐 푸의 지도로 제1차 중앙위원회 개최, 당명을 인도차이나공산당으로 바꿈
1931	6.6	홍콩에서 영국 관헌에 체포됨
1932	후반	석방되어 중국으로 감
1934	봄	상하이에서 소련으로 탈출
	10	레닌국제학교에 들어감
1935	3	인도차이나공산당 제1차 대회, 호찌민을 중앙위원 후보로 선출
	8	코민테른 제7차 대회 참가
1936	6.4	프랑스 인민전선 내각 성립
	–	민족식민지문제연구소에 입소(~1938)
1937	7.7	루궈차오사건으로 중일전쟁 발발
	9.23	중국에서 국민당과 공산당의 합작(제2차 국공합작) 성립

연도	월일	내용
1938	3	인도차이나공산당중앙위원회 인도차이나 민주전선을 제창
	6	레 홍 퐁, 프랑스 식민지정권에 체포당함
	10	소련을 떠나 중국으로 향함
	겨울	중국공산당의 근거지 옌안에 도착, 2주간 체재
1939	6-9	중국공산당의 후난성 소재 게릴라 훈련소에서 활동
	9.1	제2차 세계대전 발발
	11	인도차이나공산당 제1기 제6차 중앙위원회 개최
1940	초	쿤밍에 도착, 인도차이나공산당중앙과 연락을 시도
	6	독일군, 파리를 점령. 프랑스 항복
	9.23	일본군, 북부 프랑스령 인도차이나 진주(북부불인진주)
	11	인도차이나공산당 제1기 제7차 중앙위원회 개최
	12	광시성의 중월 국경지대에서 인도차이나공산당중앙을 대표하는 호앙 번 투와 만남
1941	1	중월국경을 넘어 까오 방 성에 들어감
	5	인도차이나공산당 제1기 제8차 중앙위원회 주재, 당면 혁명을 민족해방혁명으로 규정, 비엣 민 결성을 결정
	6.22	독일과 소련 전쟁 개시
	7.28	일본군, 남부 프랑스령 인도차이나 진주(남부불인진주)
	12.8	태평양전쟁 발발
1942	8	호찌민 이름으로 중국에 감
	8.29	중국국민당의 지방정권에 체포되어 투옥
1943	9.10	석방됨
1944	3	류저우에서 개최된 베트남혁명동맹회 재외대표 대회 참가
	9	중국에서 귀국, 베트남 북부에서 봉기 계획을 연기
	12.22	베트남 해방군 선전대 결성(베트남인민군의 전신)

연도	월일	내용
1945	1	베트남 북부에서 대기근 발생(정점은 4월까지)
	2	비엣 민이 구출한 미군 비행사를 데리고 중국에 감
	3	쿤밍에서 미국 정보기관과 접촉
	3.9	일본군 프랑스령 인도차이나 처리로 프랑스 식민지 정권 타도
	4	중국에서 귀국
	6.4	월북에 비엣 민 해방구 성립
	8.13	인도차이나공산당 전국회의 소집(~8.15), 전국 봉기의 발동을 결정
	8.15	일본 연합군에 항복, 제2차 세계대전 종결
	8.16	국민대회 소집(~8.17), 호찌민을 주석으로 베트남민주공화국의 임시정부에 해당하는 민족해방위원회를 선출
	8.19	하 노이 봉기
	8.30	바오 다이 황제 퇴위
	9.2	베트남민주공화국 독립선언
	9	일본군 무장해제를 위해 북부에 중국국민당군, 남부에 인도 주둔 영국군이 진주
	9.23	영국군의 지원을 받은 프랑스, 사이 공을 재점령
	10	라오 이사라, 라오스의 독립 정부를 수립
	11.11	인도차이나공산당 해산 선언
1946	1.6	베트남민주공화국 국회 제1차 총선
	3.6	베트남·라오스 예비협정 조인
	5.31	프랑스 방문을 위해 출발
	6.1	프랑스, 코친차이나(남베트남)공화국 승인
	7.6	베트남·프랑스 간의 퐁텐블로회의 개최(~9.13), 코친차이나 문제로 결렬
	10.20	프랑스에서 귀국
	11.9	베트남민주공화국 헌법 공포
	12.19	전국 항쟁의 호소를 발표, 제1차 인도차이나전쟁 본격화

연도	월일	내용
1947	3.23	뉴델리에서 아시아관계회의 개최(~4.2), 베트남민주공화국 대표 파견
	9	코민포름 결성
	11.8	타이에서 쿠데타로 자유타이정부 붕괴
1948	1	인도차이나공산당 확대 중앙위원회 개최, 냉전체제 인정
	8	인도차이나공산당 제5차 간부회의, 당면의 혁명을 인민민주주의혁명으로 규정
1949	3.8	바오 다이 정권 수립과 프랑스 연합 내에서의 독립을 승인한 협정을 승인
	10.1	중화인민공화국 성립
	11	베이징에서 아시아·오세아니아 노동조합 회의
1950	1.14	세계 각국 정부에 베트남민주공화국 승인을 호소
	1.18	중화인민공화국, 베트남민주공화국을 승인
	1.19	중국과 소련 방문을 위해 출발
	1.21	인도차이나공산당 제3차 전국회의 개최(~2.3)
	1.30	소련, 베트남민주공화국을 승인
	2	모스크바에서 스탈린과 회담
	3.4	소련에서 중국으로 들어감
	3.11	중국에서 귀국
	6.25	한국전쟁 발발
	12.23	프랑스가 지원하는 인도차이나 3국(베트남왕국, 캄보디아왕국, 라오스왕국)과 미·영이 공동방위원조조약 체결
1951	2.11	인도차이나공산당 제2차 대회(~2.19), 베트남노동당으로 개조, 호를 당주석으로 선출, 당면 혁명을 민족인민민주주의혁명으로 규정
1952	10.11	베트남 인민군 서북작전 개시

연도	월일	내용
1953	1.25	베트남노동당 제2기 제4차 중앙위원회 총회(~1.30), 토지혁명의 발동을 결정
	3.5	스탈린 사망
	7.27	한국전쟁 휴전협정 조인
	11.26	스웨덴 신문과의 인터뷰에서 교섭에 의한 평화 회복의 가능성을 시사
	12.20	베트남노동당 정치국 회의, 디엔 비엔 푸 전투를 결정
1954	1.5	4대 강국인 미국, 영국, 프랑스, 소련의 외상 회의(~2.18), 아시아 문제에 관한 제네바회의 개최 합의
	4.26	제네바 회의 개최(~7.28)
	5.7	베트남 인민군 디엔 비엔 푸에서 프랑스군을 격파
	7.3	류저우에서 저우언라이 총리와 회견(~7.5)
	7.15	베트남노동당 제2기 제6차 중앙위원회 총회(~7.18)
	7.21	인도차이나 정전에 관한 제네바협정 조인
	10.10	베트남 인민군 하 노이 입성, 호도 하 노이로 돌아옴
1955	4.18	인도네시아 반둥에서 아시아·아프리카 회의 개최(~4.24)
	6.22	소련과 중국을 공식 방문(~7.22)
1956	2.14	소련공산당 20차 대회에서 스탈린을 비판
	5.22	응오 딘 지엠 정권은 제네바협정에서 결정된 남북통일 선거 시행을 거부
	8.25	베트남노동당 제2기 제10차 중앙위원회 총회(~10.18), 토지혁명 과정에서의 과오를 자아비판, 쯔엉 찐을 서기장에서 해임
1957	7.6	사회주의국가11개국(중국·북한·소련·체코·폴란드·동독·헝가리·유고슬라비아·알바니아·불가리아·루마니아) 방문을 위해 출발(~8.30)
	10.31	러시아 혁명 40주년 기념 행사 참석을 위해 소련으로 출발
	11.14	사회주의 12개국 공산당·노동당 대표자 회의 참가(~11.16)
	12.19	베트남노동당 제2기 제13차 중앙위원회 총회, 북베트남에서 사회주의적 개조 개시를 결정

연도	월일	내용
1958	2.4	인도와 버마 방문을 위해 출발(~2.17)
	5	중국공산당 대약진운동 전개
	11.10	베트남노동당 제2기 제14차 중앙위원회 총회, 북베트남의 급속한 사회주의적 개조 결정(~11.28)
1959	1.12	베트남노동당 제2기 제15차 중앙위원회 총회, 남베트남에서 무장 투쟁 발동을 결정(~1.21)
	2.260	인도네시아 방문(~3.11)
	9월말	중화인민공화국 건국 10주년 기념일에 맞춰 중국 방문
	12.18	베트남민주공화국 제1기 국회 제11차 회의 개최(~12.31), 신헌법을 채택
1960	1.1	신헌법 공포
	7.16	소련과 중국에 파견한 전문가의 소환을 결정
	9.5	베트남노동당 제3차 대회(~9.10), 호를 당 주석, 레 주언을 제1서기로 선출
	11.2	베트남노동당 대표단을 인솔하고 소련을 방문, 세계 81개국 공산당·노동당 대표자 회의 참가(11.10~12.1)
	12.20	남베트남 해방민족전선(비엣 민) 결성
1961	5.16	라오스 문제에 관한 제네바 국제회의 개최(~12.18)
	10.10	베트남노동당 대표단을 인솔하고 소련공산당 제22차 대회 참가
	12.11	미국 케네디 정권, 남베트남에 군사원조 확대 발표
1962	10.20	중국과 인도 양국 군대가 국경지대에서 충돌
	10.22	쿠바 위기(~10.28)
1963	1.1	남베트남의 업 박 전투에서 해방전선군이 남베트남 정부군 부대를 격파
	2.20	중소대립으로 공개 논쟁 격화

연도	월일	내용
1963	4.4	라오스 연합정부 붕괴
	5.8	남베트남 도시부에서 불교도의 반정부운동 격화
	8.5	부분적 핵 실험 정지조약 조인
	11.1	남베트남 정부군이 응오 딘 지엠 정권을 전복(~11.2)
	11.22	미국 케네디 대통령 암살
	12	베트남노동당 제3기 제9차 중앙위원회 총회에서 중·소대립에 대한 당의 입장과 남베트남 해방투쟁의 강화를 토의
1964	3.27	특별정치회의 소집, 남베트남의 해방투쟁 고조에 대한 북의 지원 강화를 제기
	8.2	제1차 통킹만사건
	8.4	제2차 통킹만사건
	8.5	미군, 북베트남을 보복 폭격
	8.7	미 의회, 통킹만 결의 채택, 대통령에 전쟁 권한을 위임
1965	2.7	미군, 지속적인 북폭 개시
	3.8	미군 해병대 남베트남에 상륙(최초의 전투부대)
	3.25	베트남노동당 제3기 제11차 중앙위원회 총회에서 남에 '전국의 힘을 집중'하여 연내에 결정적 승리를 획득한다는 방침을 결정
	5.10	유서 집필을 개시
	5.15	요양 차 중국으로 출발
	5.16	창사에서 마오쩌둥과 회동
	6.11	남베트남에서 응우옌 반 티에우와 응우옌 까오 끼의 쿠데타 발생
	7.28	미국의 존슨 대통령, 남베트남에 미군 전투부대 대량 투입을 결정
	11	중국에서 문화대혁명이 시작됨
	12.21	베트남노동당 제3기 제12차 중앙위원회 총회, 전쟁의 국지전 확대를 포함한 방침 결정
1966	5.17	요양 차 중국으로 출발
	6.29	미국의 군용기, 하 노이와 하이 퐁 폭격
	7.17	'독립과 자유보다 더 고귀한 것은 없다'라는 항전 호소를 발표

연도	월일	내용
1967	1.23	베트남노동당 제3기 제13차 중앙위원회 총회, 외교투쟁에 대해 토의
	8.8	방콕에서 동남아시아국가연합(ASEAN)결성
	10.21	베트남 반전을 위한 국제적 통일 행동
	12.28	베트남노동당 정치국 회의, 뗀 공세 결정
	연말	요양 차 중국으로 출발(~4.22)
1968	1.30	남베트남에서 뗀 공세 시작
	3.31	미국의 존슨 대통령, 북폭의 부분적 중지와 대통령 불출마를 성명
	5.13	베트남민주공화국과 미국 간 파리회담 개시
	10.31	미국의 존슨 대통령, 북폭의 전면 중지 발표
1969	2.16	구정(뗀)에 맞춰 하 노이 소재 방공부대 등을 방문
	5.8	베트남노동당 제3기 제16차 중앙위원회 총회, 외교투쟁에 대해 토의(~5.12)
	9.2	사망
1975	4.30	베트남전쟁 종결
	6.24	베트남 통일국회(~7.3), 베트남사회주의공화국 성립
1978	12	베트남군 캄보디아 진공
1979	2.17	중월전쟁 발발(~3.18)
1986	7.10	레 주언 서기장 사망
	7.14	쯔엉 찐 서기장으로 선출
	12.15	베트남공산당 제6차 대회, 도이 머이를 제창
1991	6.24	베트남공산당 제7차 대회, 호찌민사상을 당 규약으로 명기
	10.23	캄보디아 문제에 대한 파리 평화협정 성립
1995	7	미국과 베트남 국교정상화
	7	아세안에 정식 가맹

인도차이나공산당	
1930.10 제1차중앙위원회	당서기: 쩐 푸
	–
1934.3 인도차이나공산당 해외위원회	책임자: 레 홍 퐁
	위원: 하 후이 떱, 응우옌 반 돗
1935.3 인도차이나공산당 제1차대회	서기장: 하 후이 떱(다른 설도 있음)
	–
1938.3 인도차이나공산당 중앙위원회	서기장: 응우옌 반 끄
1940.11 인도차이나공산당 제1기 제7차 중앙 위원회	서기장(대행): 쯔엉 찐
	–
1941.5 인도차이나공산당 제1기 제8차 중앙 위원회	서기장 쯔엉 찐
베트남노동당 및 베트남공산당	
1951.2 인도차이나공산당 제2차대회(베트남 노동당창당)	주석: 호찌민, 서기장: 쯔엉 찐
	정치국원: 레 주언·팜 반 동·보 응우옌 잡·응우옌 찌 타인·호앙 꾸옥 비엣 정치국원후보: 레 반 르엉
1960.9 베트남노동당 제3차 대회	주석: 호찌민
	제1서기: 레 주언 정치국원: 쯔엉 찐·팜 반 동·팜 훙·보 응우옌 잡·레 득 토·응우옌 찌 타인·응우옌 주이 찐·레 타인 기, 호앙 반 호안 정치국원후보: 반 띠엔 중·쩐 꾸옥 호안

1967.12 베트남공산당(베 트남노동당에서 바꿈) 제4차 대회	서기장: 레 주언
	정치국원: 쯔엉 찐·팜 반 동·팜 훈·레 득 토·보 응우옌 잡·응우옌 주이 찐·레 타인 기·쩐 꾸옥 호 안·반 띠엔 쭝·레 반 르엉·응우옌 반 린·보 찌 꽁·쭈 후이 먼 정치국원후보: 또 흐우·보 반 끼엣·도 무오이
1982.3 베트남공산당 제5차대회	서기장: 레 주언
	정치국원: 쯔엉 찐·판 반 동·팜 훈·레 득 토·반 띠엔 쭝·보 찌 꽁·쭈 후이 먼·또 흐우·보 반 끼 엣·도 무오이·레 득 아인·응우옌 득 땀 정치국원후보: 응우옌 코 타익, 동 시 응우옌
1986.7 베트남공산당 제5기중앙위원회	서기장: 레 주언의 서거에 따라 쯔엉 찐이 대행
	–
1986.12 베트남공산당 제6차대회	서기장: 응우옌 반 린
	–
1991.6 베트남공산당 제7차대회	서기장: 도 므어이
	–

내가 이 책을 번역하게 된 데는 나름의 스토리가 있다. 후루타 선생님의 저서인 『호찌민 – 민족해방과 도이 머이』가 1996년 2월 일본에서 출판된 직후로 기억된다. 당시 나의 석사과정 지도를 담당하고 계셨던 김영호 선생님께서 이 책이 일본에서 상당히 높은 평가를 받고 있다고 전하시면서 번역을 해보라고 권하셨다. 베트남어를 전혀 몰랐을 뿐만 아니라 일본어 능력도 없던 나였기에 이 책을 번역할 엄두가 나지 않았지만, 선생님의 격려로 처음부터 끝까지 번역을 마칠 수 있었다. 하지만 나의 번역은 '엉망'이었기에 출판에 이르지는 못했다. 그 후 나는 25년 동안 이 책의 번역원고를 까맣게 잊고 살았다.

그러던 작년 12월 이사를 하다가 빛이 바랜 바로 그 번역원고를 우연히 발견했다. 나의 기억 속에서 사라진 번역원고를 손에 들고 읽어 내려가면서 여러 생각이 떠올랐다. 나는 1999년부터 한국과 일본에서 한반도화교를 줄곧 연구했다. 연구를 진행하면서 늘 풀리지 않는 문제가 하나 있었다. 한반도화교만을 바라보면 절대적 자기본위에 빠지기 때문에 이를 상대화 혹은 객관화할 비교대상이 필요하다는 점이었다.

2019년 11월 중국학술원 내에 동남아화교화인연구회가 조직되어 동남아화교를 공부하는 과정에서 베트남화교가 바로 그 대상이 될 수 있다는 생각을 하게 되었다. 한국과 베트남은 고대부터 현재에 이르기까지 중국과의 관계, 근대 피식민지의 역사, 일본 제국주의로부터의 해방, 남북분단의 역사를 공유하고 있다. 이러한 역사적 공통성이 두 나라 및 두 지역에 이주한 화교의 특성에 유사성을 가지게 하는 요인이 되고 있다는 것을 알았다. 물론 양자 간에는 다양한 차이도 존재한다. 이런 생각을 하던 중에 번역원고를 발견한 터라 25년 전과는 완전히 다른 차원에서 저자의 책을 대하게 된 것이다.

일본어 원문과 번역원고를 대조하면서 꼼꼼히 다시 읽어 보았다. 베트남이 왜 지금도 호찌민을 찾고 있는지 라는 질문에 정확한 답을 주고 있었다. 이 책은 출판된 지 25년의 세월이 흘렀는데도 시대를 초월하여 강한 생명력을 유지하고 있다고 판단했다. 이런 생각을 하면서 지금까지 국내에 출판된 호찌민 전문서를 유심히 살펴보았다.

국내 학자가 쓴 호찌민 전문서는 아직 없었다. 서양의 베트남 현대사 전공자나 저널리스트가 쓴 호찌민 전문서의 번역본은 4권 정도 나와 있었다. 4권의 번역서는 호찌민의 출생부터 사망까지를 연대순으로 쓴 평전이나 전기였다. 하지만 저자의 책은 호찌민 개인에 대한 단순한 전기가 아니다. 호찌민이 사망한 시기는 베트남전쟁이 한창이던 1969년이었다. 저자는 호찌민이 사망한 이후의 베트남 역사의 전개에 호찌민이 어떤 역할을 했는지에 역점을 두었다. 그렇다고 호찌민의 일생에 대한 서술이 없는 것이 아니다. 지금의 시점에서 호찌민의 일대기를 조망하는 방법을 통해 베트남 국내에서 '신격화'된 '호찌민론'을 한 꺼풀 벗겨 놓았다. 이런 관점에서 쓰인 '호찌민론'은 많지 않은 것 같다.

그런데 번역출판하는 데 하나의 문제가 있었다. 출판된 지 25년이

지난 책을 굳이 지금에 와서 번역출판 할 가치가 있을까라는 의문이
든 것이 사실이었다. 이런 의구심은 저자가 보내 온 '한국의 독자에게
드리는 글'로 상당부분 해소되었다. 즉, 세계의 호찌민 관련 새로운
연구성과로 약간 수정할 곳이 생겼지만 책 전체의 논지를 바꿀 만한
사실은 없다는 점, 저자의 '호찌민론'이 시대에 뒤떨어지지 않고 25년
이 지난 지금 베트남에서 더욱 각광을 받고 있다는 점을 분명히 밝혔
다. 저자의 글은 이 책의 25년의 공백을 상당히 메워주었다.

　이 책이 더욱 신뢰감을 심어주는 것은 저자의 올곧은 학문 인생이
다. 저자는 50여 년 동안 베트남 현대사 연구에 정진해 온 일본 최고
의 베트남 현대사 연구자이다. 저자는 자신이 쌓아온 학문적 성과와
인적네트워크를 활용하여 2016년 베트남국가대학 하노이교 일월대
학日越大學을 개교하는 데 주도적인 역할을 했다. 일월대학은 일본
의 명문 7개 대학이 참가하여 석사과정을 개설하여 베트남인 인재를
양성하고 있다. 일본과 베트남의 정부 및 민간교류의 대표적인 성공
사례로 높은 평가를 받고 있다. 저자는 일월대학의 초대 총장으로
취임한 이래 지금도 총장으로서 활발히 활동하고 있다.

　내년이면 한국과 베트남이 국교를 수립한 지 30주년이 된다. 양국
간의 관계는 지난 30년 동안 경제관계를 중심으로 다양한 방면에서
확산되고 깊어지고 있다. 하지만 우리의 베트남과 베트남인에 대한
인식은 기존의 고정관념에서 크게 벗어나지 못하고 있는 것은 아닌
지 되돌아보게 한다. 호찌민을 빼고 베트남 근현대사를 논하기는 어
렵다. 이 책이 베트남을 제대로 인식하고 이해하는 데 조금이라도
도움 되기를 바라마지 않는다.

　이 책이 나오기까지 많은 분들의 도움을 받았다. 후루타 선생님은

'한국의 독자에 드리는 글'과 개인 소장의 사진을 제공해 주시는 협조를 아끼지 않으셨다. 김영호 선생님은 제자의 출판을 위해 여러 수고로움을 마다하지 않으셨다. 중국학술원의 심주형 선생님은 번역원고를 읽고 좋은 코멘트를 해주셨고 베트남의 역사에 대해 많은 가르침을 주셨다. 하노이사범대의 박사과정에서 베트남역사를 연구하고 있는 신승복 선생님은 베트남 국내 호찌민 관련 문헌에 대해 많은 것을 알려주셨고, 표지에 사용할 사진을 직접 찍어 보내주셨다. 한국과 베트남의 민간교류 활동을 펼치고 있는 NGO '나와우리'의 조진석 대표는 번역원고를 읽고 격려를 해주셨고, 박홍영 충북대 교수는 저자와 나를 연결시켜 주서서 책이 출판되는 데 큰 힘이 되었다. 김민지 인천대 중어중국학과 학생을 비롯한 학생들은 여러 작업을 도와주었다. 예정보다 빨리 출판하게 된 것은 중국학술원 선생님들의 협조와 학고방의 명지현 선생님의 덕분이다. 신세진 모든 분들께 깊은 감사의 마음을 전한다.

2021년 6월 20일
이정희

| 지은이 소개 |

후루타 모토오古田元夫

1949년생. 도쿄대 교양학부를 졸업하고 같은 대학 사회학연구과에서 석사, 박사학
위(학술박사)를 받았다. 도쿄대 교양학부와 대학원종합문화연구과에서 교수, 도쿄
대학 부총장을 역임했다. 현재 도쿄대 명예교수이다. 2016년부터 베트남 베트남국
가대학 하노이교 일월대학日越大學 총장을 맡고 있다. 주요한 저서로는『역사 속의
베트남전쟁』(1991),『베트남의 세계사』(1995),『호찌민 - 민족해방과 도이 머이』
(1996),『도이 머이의 탄생』(2009),『베트남의 기초지식』(2017) 등이 있다.

| 옮긴이 소개 |

이정희

1968년생. 경북대 경제학과에서 학사와 석사, 교토대에서 문학박사학위를 받았다.
현재 인천대 중국학술원 부교수로 재직하고 있다. 주요한 저서에는『한반도화교
사』(제59회 대한민국출판문화상수상) 등이 있다. 베트남화교를 연구한「제1차 인
도차이나전쟁 시기 베트남 난교難僑 문제」(2020)와《중국관행》웹진에서 '한반도화
교와 베트남화교 마주보기'를 연재하고 있다.

중국관행연구총서 18

베트남, 왜 지금도 호찌민인가
ホー・チ・ミン——民族解放とドイモイ

초판 1쇄 인쇄   2021년 6월 20일
초판 1쇄 발행   2021년 6월 30일

인천대 중국학술원 중국 · 화교문화연구소 기획
위 원 장 | 장정아
부위원장 | 안치영
위   원 | 김지환 · 송승석 · 이정희 · 조형진

지 은 이 | 후루타 모토오(古田 元夫)
옮 긴 이 | 이 정 희
펴 낸 이 | 하 운 근
펴 낸 곳 | 學古房

주   소 | 경기도 고양시 덕양구 통일로 140 삼송테크노밸리 A동 B224
전   화 | (02)353-9908 편집부 (02)356-9903
팩   스 | (02)6959-8234
홈페이지 | http://hakgobang.co.kr
전자우편 | hakgobang@naver.com, hakgobang@chol.com
등록번호 | 제311-1994-000001호

ISBN 979-11-6586-401-9 94910
       978-89-6071-320-8 (세트)

값 : 17,000원

■ 파본은 교환해 드립니다.